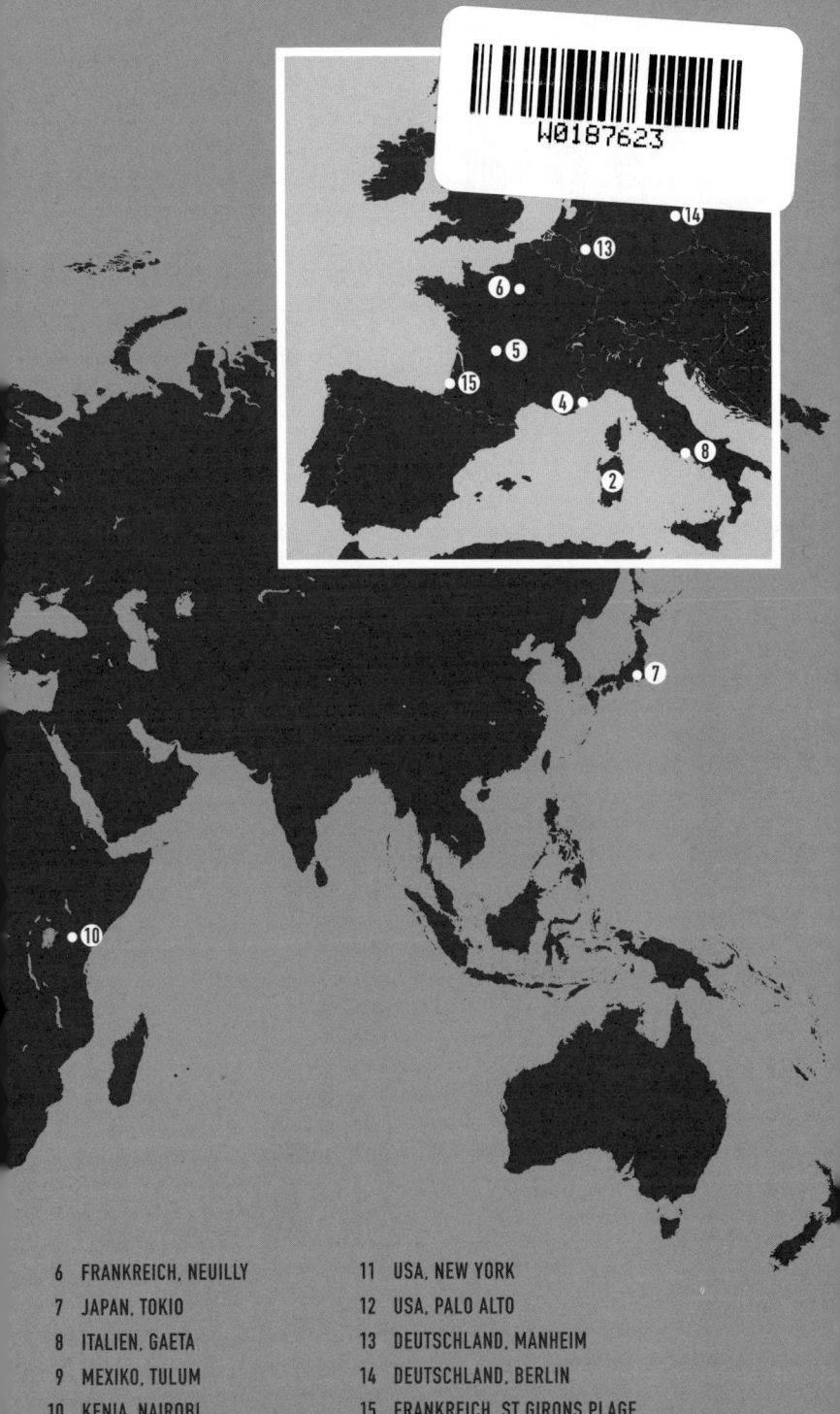

6 FRANKREICH, NEUILLY
7 JAPAN, TOKIO
8 ITALIEN, GAETA
9 MEXIKO, TULUM
10 KENIA, NAIROBI

11 USA, NEW YORK
12 USA, PALO ALTO
13 DEUTSCHLAND, MANHEIM
14 DEUTSCHLAND, BERLIN
15 FRANKREICH, ST GIRONS PLAGE

# NIKLAS MAAK

# ATLAS DER SELTSAMEN HÄUSER UND IHRER BEWOHNER

CARL HANSER VERLAG

1 2 3 4 5   20 19 18 17 16

ISBN 978-3-446-25289-9
Alle Rechte vorbehalten
© Carl Hanser Verlag München 2016
Satz: Satz für Satz, Wangen im Allgäu
Karte: Peter Palm, Berlin
Litho: Fotosatz Amann, Memmingen
Druck und Bindung: CPI books GmbH, Leck
Printed in Germany

MIX
Papier aus verantwortungs-
vollen Quellen
FSC® C083411

# INHALT

USA, LONG ISLAND

# MARC DREIERS HAUS IN EAST QUOGUE

Wenn man vom Sunrise Highway in Richtung Süden durch das Sumpfland zum Ponquogue Beach fährt, trifft man auf ein kleines Warnschild: Die Dune Road, steht dort, die einzige Straße auf einer abenteuerlich schmalen Halbinsel, die vor Long Island zwischen der Bucht und dem offenen Meer liegt, könne bei Flut unter Wasser stehen, und das tat sie auch: Die Straße sah aus wie ein Fluss, die entgegenkommenden Autos hatten feuchten Sand auf der Windschutzscheibe, und die gelbe Mittellinie verschwand vor der Motorhaube in der Tiefe, als sei dies hier die Ortseinfahrt von Atlantis. Nur die alten Telegraphenmasten verrieten, wo die Fahrbahn aufhörte und die Düne begann.

Hier steht, hinter einem weißen Tor und einem perfekt gemähten Rasen, das Haus, das Marc Dreier gehörte, Nummer 111, eine Achthundert-Quadratmeter-Villa, 1992 gebaut, mit acht Schlafzimmern und eigenem Tennisplatz. Sie sieht nicht wie eine große Villa aus, sondern so, als hätte eine gigantische Welle acht klassische graue Holzhäuser zu einem großen Haufen zusammengeschoben. Dreier kaufte die Anlage im Juli 2004 für rund 9 Millionen Dollar. Auch das kleinere Haus neben der Villa gehörte ihm.

Die Strandvilla, die so groß ist wie acht Häuser, sieht nicht aus wie ein großes Haus, eher wie das Ergebnis eines Crashs, ein außer Kontrolle geratenes Hausmonster, ein Menetekel der großen Immobilienkrise, die vier Jahre später alles in den Abgrund riss.

Freunde hatten mir von Marc Dreier erzählt, von seinen Auftritten in Galerien und bei Museumspartys, von seinem Strandhaus in den Hamptons, in das jeder eingeladen war, der irgendetwas mit Kunst zu tun hatte. Bei öffentlichen Veranstaltungen sah man ihn nicht oft; einmal, zwei Jahre vor seiner Verhaftung, war ich ihm bei einer Galerie-Eröffnung begegnet. Er war ein eher kleiner Mann mit schmalen Lippen und einer graumelierten Tolle, die wie eine Welle über seinen Kopf zu schlagen schien; dies, sagten die Menschen ehrfürchtig, sei Marc Dreier, er gebe allein bei Gagosian jedes Jahr zweistellige Millionenbeträge für Kunst aus.

Die Einfahrt zu seinem Haus ist mit grauen Steinen gepflastert, jemand hat einen schraubenförmigen Zierbaum und Primeln und Lavendel neben das Tor gepflanzt, der Sturm hat den Sand in die Beete geweht. Auf dem Pfosten des weißen Holzgitters sind stilisierte Pinienzapfen befestigt, das barocke Symbol für Reichtum, Fruchtbarkeit und Lust. Hinter dem Haus stolpert eine weiße Treppe zum Strand hinunter, es riecht nach Sand und Pinien und warmem Holz, man sieht den Atlantik und die grauen Wellen, die auf den Strand rollen, und wenn man sich umdreht, sieht man das überflutete Marschland, den Sumpf, die versunkene Welt.

Manchmal fuhr Marc Dreier mit seinem Schnellboot in die Hamptons. Ein Foto aus dem Sommer des Jahres 2008 zeigt ihn auf dem Vorderdeck zwischen jungen Kuratorinnen, Studentinnen und anderen Gästen auf dem Long Island Sound. Dreier krault seinen Hund und starrt in die Ferne. Sie sind auf dem Weg zu einem Hafen, wo sie in ein paar Autos umsteigen, die sie zu Dreiers Strandhaus bringen werden.

Auf dem Foto wirkt Dreier abwesend; das Wasser glitzert, hinten zieht ein Segelboot vorbei. Er wusste in diesem Moment, in dem er zwischen all diesen schönen Frauen auf seinem Boot über das stille, klare Wasser des Sound glitt, was ihm bevorstand, er wusste, dass er sehr bald Kredite von über 150 Millionen Dollar zurückzahlen würde müssen, und er hatte nicht die leiseste Ahnung, wie er das machen sollte.

Für ein paar Jahre fanden in seiner Villa in East Quogue erstaunliche Feste statt: Am Wochenende reisten Hunderte von Leuten aus New York in Booten und Limousinen an, Anwälte, Künstler, Kunstberater, MoMA-Mitarbeiter, viele kamen einfach, ohne eingeladen zu sein, weil sie jemanden kannten, der jemanden kannte, der Marc Dreier kannte. Man konnte die Wochenenden bei ihm verbringen und schwimmen gehen im Atlantik, es gab Champagner und Canapées, die unter Zellophanfolien auf silbernen Tabletts auf der Terrasse standen, es gab Angestellte, die fragten, ob man übernachte, obwohl man nur ein mitgebrachter Gast war, und nur manchmal tauchte der Gastgeber kurz auf, wie Jay Gatsby in F. Scott Fitzgeralds Roman: eine schillernde, undurchsichtige Figur, das leere Zentrum dieser Partys, auf denen sich Finanzexperten mit Künstlern, Galeristen, Spekulanten, Anwälten und anderen Gestalten trafen.

Kaum einer wusste, was genau Dreier machte, und es interessierte auch niemanden. Auch am Strand regierte der gut gelaunte Gleichmut der Kunstszene: Egal, wo das Geld herkommt, Hauptsache, es macht Spaß.

Ich sah Marc Dreier am 5. Dezember 2008 wieder – in der *New York Times*. Auf dem Foto war er unrasiert, die Haare standen, wie Antennen, die versuchen, Peilung aufzunehmen, in verschiedene Richtungen ab. Im Hintergrund war Dreiers Sohn zu sehen. In der Bildunterzeile stand: »Marc Dreier, on Friday, after his release from a Toronto jail on charges of impersonating a lawyer.« Dreier war in Toronto verhaftet worden, weil er sich gegenüber einem Hedgefonds-Manager als kanadischer Anwalt ausgegeben hatte und in dessen Namen einen 44-Millionen Dollar-Vertrag unterschreiben wollte. Was die Ermittler in den folgenden Monaten herausfanden, ist einer der größten Betrugsfälle in der amerikanischen Geschichte: Am Montag, den 11. Mai 2009, bekannte sich Mark Dreier vor dem US-District-Court-Richter Jed Rakoff zu allen Vorwürfen schuldig, die gegen ihn erhoben wurden: Veruntreuung von 700 Millionen Dollar. Betrug von dreizehn Hedgefonds. Allein Eton Park Capital Management verbuchte einen Verlust von 84 Millionen Dollar, Fortress Credit Opportunities einen Verlust von 61,9 Millionen Dollar. Zweihundert weitere Schuldner warteten auf 450 Millionen Dollar.

Man möchte in New Yorks Galerien nicht mehr über Marc Dreier sprechen. Bei Gagosian, wo Dreier allein 2008 zweistellige Millionenbeträge gelassen haben soll, stellte man sich tot, Anfragen wurden nicht beantwortet. Bei Marian Goodman teilte die ansonsten sehr auskunftsfreudige Leslie Nolen kühl mit, man kenne Dreier nicht und habe nichts an ihn verkauft. Nur in Kalifornien waren die Galeristen entspannter: Louis Stern schreibt, dass man ein Gemälde des für seine »Magical Space Forms« bekannten Malers Lorser Feitelson tatsächlich 2007 direkt an Marc Dreier verkauft habe.

Zwei Jahre später, im Herbst 2009, sitzt Marc Dreier in seinem Penthouse an der 58th Street und darf das Gebäude nicht verlassen, er hat Hausarrest, sie haben ein GPS-Gerät an seinem Bein angebracht und alle Bilder abgehängt, nur die Möbel haben sie ihm gelassen. Auf seinem Sofa sitzt ein pensionierter FBI-Agent, dessen Stundenlohn Marc Dreiers damals achtundachtzigjährige Mutter bezahlen muss. So lebt Dreier noch ein paar Wochen als Gefangener in seinem New Yorker Apartment, bevor er für zwanzig Jahre nach Minnesota ins Gefängnis geht.

Es gibt einen Film aus dieser Zeit, ein Journalist der Sendung »60 Minutes« durfte ihn am 4. Oktober 2009 interviewen; man sieht Dreier, wie er im T-Shirt und in weißen Trainingshosen auf sein Urteil wartet. Neben ihm liegt sein Hund, die Wand hinter ihm ist leer. Hier hing einmal ein sehr schönes, dunkelrot leuchtendes Gemälde von Mark Rothko.

Wer hat Dreier beraten?

Auch dazu bei den großen New Yorker Galerien: eisiges Schweigen, kein Kommentar. Aber wenn man die Websites der New Yorker Kunstberater einmal googelt, kommt man schnell auf eine Spur. Auf der Website von Heidi Lee Komaromi sieht man, als optische Visitenkarte, eine »Private Collection« in New York, in der eine »Jackie« von Warhol und ein dunkelroter Rothko hängen. Die Website verschweigt, dass das, was man hier sieht, Geschichte ist: Es ist Marc Dreiers Apartment.

Heidi Lee Komaromi hat ihre Kunstberatung, die HLK Art Group, 2002 gegründet, ungefähr zu der Zeit, in der Dreier den großen Betrug plante. Wenn man sie nach Dreier fragt, bleibt sie ganz ruhig, oder sie tut so, als ob sie es sei. Dreier. Ja, den habe sie durch Freunde kennengelernt.

Und wie war das mit seiner Sammlung?

Heidi Lee Komaromi holt Luft. Man hört Sirenen tief unten in den Straßen, das Fauchen einer überanstrengten Klimaanlage, das pittoreske Geklapper von sehr schnellen Fingern auf einer Laptop-Tastatur, irgendjemand bekommt jetzt, *pingding*, eine Nachricht.

— Er war sehr charmant. Er hatte eine richtige Leidenschaft für
    Kunst. Er war jemand, der ständig lernen wollte.

Die sogenannten Nuller-Jahre wirken schon jetzt wie eine vergangene Epoche, die mit den Anschlägen vom 11. September

2001 begann und, ebenfalls im Süden Manhattans, im Financial District, mit dem großen Crash im September 2008 endete. Die Jahre dazwischen werden nicht als die sorgloseste Zeit Amerikas in Erinnerung bleiben – mit einer Ausnahme. Die Kunstszene dieser Jahre war eine Insel der Seligen, eine große goldene Badewanne, in die unendlich viel Geld strömte. 2006 brachten die großen Auktionen allein in New York über eine Milliarde Dollar Umsatz, mehr als je zuvor. Was war passiert? Wer waren diejenigen, die dieses Geld für Gegenwartskunst und Nachkriegsmoderne ausgaben; wem war das Geld so egal, dass er es mit vollen Rohren in eine Kunstwelt pumpen konnte, die erstaunt auf diesen Überfluss starrte wie auf einen geplatzten Hydranten?

Marc Dreier war einer von ihnen. Er kaufte für rund 40 Millionen Dollar Kunst, Damien Hirst und John Baldessari, Rothko und einen Warhol, ein paar »Jackies«, Siebdrucke, die so heißen wie seine Tochter. Kunstberater hofierten ihn. Seine New Yorker Privatwohnung, in der er einen Teil der Kunst, die er wie im Rausch zusammenkaufte, an die Wände brachte, lag an der Lexington Avenue. Der argentinische Architekt César Pelli hatte den Turm entworfen, an dem vor allem die entschlossene Verbindung von sehr viel Geld und sehr wenig Geschmack auffällt; schon der Innenhof sieht, von oben betrachtet, aus wie eine gigantische Kloschüssel aus Edelstahl, in der große BMWs und Bentleys langsam im Kreis treiben.

Hier besaß Dreier ein Zweihundertachtzig-Quadratmeter-Apartment, von dessen Küchenfenster aus man den Firmensitz von Bernard Madoff sehen konnte – und wenn der Name Marc Dreier heute nicht jedem etwas sagt, dann nur deswegen, weil ein paar Tage nach seiner Verhaftung Madoffs apokalyptischer 65-Milliarden-Dollar-Betrug aufflog und Dreiers 700-Millionen-Dollar-Betrug von den Titelseiten verdrängte.

Marc Dreier wuchs in Long Island auf. Er wurde 1950 hier geboren, sein Vater, ein Jude, der aus Polen geflohen war, verdiente sein Geld mit dem Bau von Lichtspielhäusern. Als Kind galt Marc Dreier als Ausnahmetalent. 1972 machte er seinen Abschluss in Yale, 1975 schloss er die Harvard Law School mit einem Doktortitel ab, 1976 bekam er seine Zulassung als Anwalt – und alles deutete auf eine rasante, atemberaubende, dem Wunderkind angemessene Karriere hin: Er wurde bei Rosenman, Colin, Freund, Lewis & Cohen angestellt, verbrachte die späten siebziger und frühen achtziger Jahre mit Hundert-Stunden-Wochen, er war einer von den Tausenden hier, die alles daransetzten, *masters of the universe* zu werden. Und er war brillant. Er konnte reden und die Leute mitreißen, für viele, sagt Dreiers Verteidiger Gerald Shargel, war Dreier einer der besten Anwälte, die Manhattan je zu sehen bekam. Kaum über dreißig, wurde er zum Partner bei Rosenman befördert. Aber wenn zu jeder großen Begabung, jeder erarbeiteten Chance ein Minimum an Glück gehört, damit daraus etwas wird, war es genau dieses Glück, das Dreier mehr als einmal in seinem Leben fehlte.

Der Kanzlei, die ihn befördert hatte, ging es nicht gut; er war der aufsteigende Star in einer sterbenden Galaxie. 1987 heiratete Marc Dreier eine Kollegin, Elisa Peters; Rabbi Philip Hiat traute das Paar. 1989 wurde sein Sohn Spencer geboren, drei Jahre später seine Tochter Jackie. In den kommenden zehn Jahren arbeitete Dreier noch mehr, zog mit seinem Büro an die Park Avenue, tat sich mit anderen Anwälten zusammen, wurde von Klienten ausgebremst und um greifbare Siege gebracht, hatte trotzdem Erfolg, aber dieser Erfolg reichte ihm nicht. Er war nicht das geworden, was er gedacht hatte – und was die anderen von ihm gedacht hatten. Der Anschlag auf das World Trade Center, sagte er vor Gericht, erschütterte ihn nachhaltig.

Dann trennte sich seine Frau von ihm. Dreier war jetzt zweiundfünfzig: kein junges Genie mehr, allenfalls ein vom Leben zerbeultes. Leute mit weniger Talent hatten mehr Glück gehabt und verdienten Millionen. Sein Jahresgehalt dümpelte bei einer halben Million Dollar.

Später, als alles aufgeflogen war, gibt er der Zeitschrift *Vanity Fair* ein Interview, in dem er beschreibt, wie er 2003 am Strand von Westhampton spazieren ging. Er war gerade geschieden worden. Er hatte ein Haus in den Hamptons, aber *inland;* er konnte das Meer nicht sehen. Er verspürte das dringende Bedürfnis, etwas zu tun, was ihn beruhigen würde.»Nein, nicht beruhigen«, korrigiert Dreier, »um mich zu belohnen.« Mit einem Haus mit direktem Zugang zum Meer. Damit habe alles begonnen. Das Haus am Meer.»Ich dachte, das würde mich glücklich machen. *And I wanted to be happy again.*«

*The pursuit of happiness,* das Streben nach Glück, ist ein Grundrecht, das in der amerikanischen Unabhängigkeitserklärung verbürgt ist. Dreier trennt sich von seinen Partnern. Er stellt vierzig Leute ein. Im Sommer 2004 kauft er für ein paar Millionen das Strandhaus in East Quogue. Er brauchte jetzt sehr viel Geld.

Der Milliardär Sheldon Solow, geboren 1928 in Brooklyn als Sohn des Maurers Isaac Solow, besitzt eine beachtliche Kunstsammlung, über die immer wieder geschrieben wird, etwa wenn er einen seiner Modiglianis für 40 Millionen Dollar verkauft oder seinen Botticelli wieder einmal nicht verkauft, weil er es nicht nötig hat.

Solow ist das, was die Wirtschaftsteile einen »Immobilientycoon« nennen, und wie alle Tycoone hat Solow einen Hang zur Rechthaberei, weswegen er sich mit großer Dickschädeligkeit noch in die aussichtslosesten Rechtsstreitigkeiten stürzt. Der Anwalt, der ihn in den neunziger Jahren bei diesen Eskapaden begleitet war, war Marc Dreier. Solow hatte unfassbar viel Geld, und weil er unfassbar viel Geld hatte, bekam er leicht sehr viel Geld geliehen: Diese unwiderlegbare Regel brachte Dreier auf eine Idee.

Er teilte verschiedenen Hedgefonds mit, Solow habe ihn gebeten, für die Solow Realty & Development Company Schuldverschreibungen herauszugeben. Er fälschte alles, sogar die Gutachten der Wirtschaftsprüfungsgesellschaft Berdon LLP. Er bot eine Verzinsung von zwölf Prozent bei Laufzeiten zwischen einem und zwei Jahren. Bei den Hedgefonds machte sich keiner die Mühe, diesem Angebot auf den Grund zu gehen: Man kannte und bewunderte Solow, man kannte Dreier. Kein Anruf bei Solow, keiner bei Berdon LLP – ein paar Wochen später bekam Dreier 20 Millionen Dollar überwiesen.

Im Deutschen ist Betrug Betrug. Im Französischen gibt es mehrere Wörter dafür, *tricher*, beschummeln, und *corriger la fortune*, was wörtlich »das Schicksal korrigieren« bedeutet. Es bedeutet auch, das, was einem passiert, nicht als unabänderlich hinzunehmen. *Tricher* ist etwas Kleinliches, im Heimlichen und Hektischen auch Erbärmliches, der Versuch, einen kleinen Vorteil herauszuschlagen, sich um einen Platz in der Schlange vorzudrängeln. *Corriger la fortune* ist etwas Großes und Ernstes. Es ist die Kunst, sich mit den Göttern anzulegen. Es bedeutet, daran zu glauben, dass man die Ungerechtigkeit von Zufällen, schlechtem Timing, unvorhersehbaren Ärgernissen, all dem, was man Schicksal nennt, ausgleichen, dass man um sein Glück mit allen Mitteln kämpfen und nie aufgeben darf.

Marc Dreier wusste, dass er viel besser war, als die Welt es bisher anerkannt hatte. Er war wie ein Pianist, der noch nicht in der Carnegie Hall spielen durfte, aber wusste, dass er dort alle verzaubern würde, wenn er nur die Chance bekäme. Er hatte die Aussicht auf ein gelungenes Leben nicht aufgegeben. Er beschloss, das Schicksal zu korrigieren.

Wenn dies ein Drehbuch wäre, dann wäre es ab hier vollkommen unglaubwürdig. Aber es war genauso einfach, dass kein *Catch-me-if-you-can*-Plot, keine Fiktion, die ja im Kern realistisch wirken soll, es mit dieser Realität, die immer spekulativer wurde, aufnehmen könnte.

Dreier machte weiter. Er bot Anlegern gefälschte Immobilienpapiere an, und mit den Einzahlungen neuer Kunden bezahlte er die anderen aus. Er bekam bis zu 100 Millionen Dollar – und keiner prüfte irgendetwas.

Was machte Dreier mit diesem Geld? Er stellte Anwälte ein, er vergrößerte seine Kanzlei, bis sie so groß war, wie er es sich in den dunklen Tagen in den späten neunziger Jahren, als nichts voranging, erträumt hatte – und diese Kanzlei funktionierte erstaunlich gut: 2007 hatte er 175 Mitarbeiter, in einem Artikel im *National Law Journal* durfte er sich selbst und das »Dreier Model« feiern. Seine Kanzlei machte zuletzt fast 100 Millionen Dollar Umsatz im Jahr. Bei Partys flogen Propellerflugzeuge über sein Haus in den Hamptons, sie zogen Banner in den Himmel, auf denen »Dreier LLP rocks« stand. Die Weihnachtsfeiern fanden im Waldorf Astoria statt. »Dreier«, erinnert sich der Journalist Bryan Burrough, »tanzte wild zu ›Shout‹ von Animal House.«

2008 arbeiteten über zweihundertfünfzig Anwälte für Dreier, sein Büro reichte über zehn Etagen, und diese Größe zog Größe an: Seine Kunden hießen jetzt Bill Cosby, Marija Scharapowa, Justin Timberlake und 50 Cent, er vertrat Manchester United und die New York Mets. »Je mehr du den Leuten zeigst, dass du kein Geld brauchst, desto mehr bekommst du«, sagte Dreier, und so gesehen gehörte das, was er mit den fiktiven Schuldverschreibungen noch alles kaufte, zu seinem Geschäftsmodell.

Einer Liste zufolge, die James Clarkson, Kläger für die US-

Börsenaufsichtsbehörde für die Kontrolle des Wertpapierhandels, Anfang Januar 2009 aufstellte, kaufte Dreier unter anderem: für 18 Millionen Dollar eine rund vierzig Meter lange Motoryacht, für 10,5 Millionen Dollar das Apartment 34c im Beacon-Court-Haus in Manhattan, einen Mercedes S500 und einen SL500, einen BMW 650i und einen Aston Martin DB9 Volante, den er in seiner kalifornischen Filiale fuhr, die beiden Häuser in East Quoque an der Dune Road, dazu Immobilien in Sag Harbour und auf Anguilla. Und er kaufte Kunst: Alex Katz, John Baldessari, Keith Haring, alles, was Amerika von Willem de Kooning über David Hockney bis Frank Stella seit Dreiers Geburt an Kunst hervorgebracht hatte. Sein Büro sah aus wie ein Seitenflügel des MoMA. Dreier besaß sechs Siebdrucke von Warhol – vier »Jackies«, einen »Rudolph Nurejew« von 1975 und einen »John Lennon« –, dazu drei Werke von Roy Lichtenstein aus den Jahren 1963, 1965 und 1975, zwei Gemälde von Damien Hirst, den Rothko ...

Was wollte Dreier von der Kunst?

Jenny Schlenzka, die als Kuratorin am New Yorker Museum of Modern Art arbeitet und Dreier mit Freunden in seiner Villa in East Quogue traf, sagt: »Er sprach eigentlich nie über die Kunst, nur über seinen Hund und seine Kinder.«

Vieles spricht dafür, dass Dreier seine Kinder sehr liebt. Ein Foto zeigt ihn mit seinem Sohn während des Prozesses, Dreier ist unrasiert und sieht ramponiert aus, er wirft einen Blick auf seinen Sohn, in dem sich Stolz und Sorge mischen. Madoffs Kinder redeten, als sein Betruf aufflog, kein Wort mehr mit ihm. Dreiers Sohn unterschrieb, ohne zu zögern, eine Bürgschaft über 10 Millionen Dollar für seinen Vater.

Was bedeutete Kunst für Dreier? Was sagt seine Sammlung über ihn?

Da gibt es einmal die großen Würfe der amerikanischen

Nachkriegsgeschichte, den heroischen Bogen von de Kooning zu Warhol, und auf der anderen Seite die Beschwörungen des schönen Lebens, die »Nadias« von Matisse, die »Jackies« von Warhol, Robert Indianas »Love«. Doch das schöne neue Leben geriet außer Kontrolle: »Ich merkte«, sagte Dreier in seinem letzten Fernsehinterview, »dass aus einem 20-Millionen-Dollar-Fehler ein Paar-100-Millionen-Dollar-Fehler geworden war.«

2006 läuft die große Maschine der Subprimes immer heißer. Millionen von Subprime-Krediten werden gebündelt, in neue Pakete gepackt und weltweit verkauft, kaum einer versteht mehr, was er da kauft, aber die toxischen Bündel bringen so gute Gewinne, dass niemand fragt, warum und wie sie das tun. Die Investmentbanker bauen immer verrücktere Risikopapierpakete, je mehr sie verkaufen, desto mehr verdienen sie, wenn die Sache schiefgeht, müssen sie nicht haften – sie dürfen mit dem Geld anderer verrückte Türme bauen und bekommen auch dafür Geld und lassen ihre Papiere von Rating-Agenturen bewerten, die von ihnen Geld bekommen und deswegen alles als *triple-sehr gut* bewerten, es gibt für nichts Regeln, es werden Zweckgesellschaften gegründet, die jenseits aller Bilanzierung immer neue Finanzprodukte erfinden, die natürlich keine Produkte sind, sondern Behauptungen, Nebelkerzen, Annahmen und Tricksereien.

2007 gerät der amerikanische Immobilienmarkt ins Schleudern. Die Investmentbank Bear Stearns beginnt zu wackeln. Drei der von ihr aufgelegten Hedgefonds müssen Insolvenz anmelden. Die auf den Cayman Islands ansässigen Liquidatoren beantragen Gläubigerschutz beim U. S. Bankruptcy Court in New York. Gerüchte über Liquiditätsprobleme sorgen in einer Branche, in der vor allem mit Informationen und Hörensagen Geld gemacht wird, für ernsthafte Liquiditätsprobleme. Die Aktien von Bear Stearns brechen im Frühjahr 2008 fast um die

Hälfte ein, schließlich übernimmt JP Morgan Chase & Co. Bear Stearns für rund 2 Dollar pro Aktie – die keine Woche davor noch 57 Dollar wert war. Milliardenwerte verpuffen einfach so. An der Wall Street kommt es zu ersten Unruhen, die Hedgefonds wollen an ihr Geld. Dann plötzlich brechen die Aktienmärkte zusammen. Während Lehman Brothers Insolvenz beantragt und eine Massenpanik an den Märkten auslöst, während sich eine globale Wirtschaftskrise aufbaut, während Angela Merkel das Volk zu beruhigen versucht und erklärt, »dass diejenigen, die unverantwortliche Geschäfte gemacht haben, zur Verantwortung gezogen werden«, aber die »Einlagen sicher sind« – während all das passiert, versucht Dreier verzweifelt, an Geld zu kommen.

Schon im Sommer 2008, als er auf seinem Schnellboot sitzt und ins glitzernde Wasser des Long Island Sound schaut, weiß er, was passieren würde: 75 Millionen Dollar an fälligen Zahlungen bis Dezember, im Dezember 100 Millionen, über 50 Millionen im Januar 2009. Dreier versucht es mit Dumpingangeboten: Solow wolle 500 Millionen Dollar für ein Projekt mit Schuldverschreibungen zusammenbekommen, die nur ein paar Monate später fällig werden würden und zwölf Prozent brächten; den Prüfbericht dazu hatte Dreier gefälscht.

Ein Hedgefonds, Whippoorwill Associates, der 2006 bis 2007 bei Dreier 115 Millionen Dollar investiert hat, verlangt jetzt ein persönliches Treffen in Solows Büro. Dreier überzeugt einen alten Bekannten, Kosta Kovachev, einen Serben, der einmal für Morgan Stanley gearbeitet hat, mit ihm zu Solow zu kommen und sich in Solows Konferenzräumen als dessen Controller auszugeben. Der Betrug funktioniert.

Dreier versucht, in Katar und Dubai Geld aufzutreiben, aber Dubai ist selbst schon eine Ruine, ein sandiges Nichts. Zuletzt hatte er Fortress gefälschte Schuldverschreibungen für 33 Millionen Dollar angeboten, die, so Dreier, von der kanadischen Telefongesellschaft BCE und vom Lehrerpensionsfonds des kanadischen Bundesstaats Ontario gedeckt seien. Jetzt wollten auch die Fortress-Leute den Anwalt der Pensionskasse persönlich treffen.

Hier könnte die Geschichte von Marc Dreier aufhören. Aber Dreier gibt nicht auf. Er macht für Fortress einen Termin in Kanada. Am 3. Dezember 2008 setzt er sich in ein Flugzeug, fliegt nach Toronto und lässt sich zum Büro des Ontario Teacher's Pension Plan fahren.

Die Yonge Street ist die längste Straße der Welt. Sie beginnt am Ufer des Ontariosees, folgt einem alten Pfad der Wyandot-Indianer, der von den Engländern um 1800 zu einer Straße ausgebaut und nach dem damaligen britischen Kriegsminister George Yonge benannt wurde, und läuft dann aus Toronto hinaus nach Westen, an Thunder Bay und Rainy River vorbei bis zur Grenze zu Minnesota – dem Bundesstaat, in dem Dreier heute im Gefängnis sitzt. Sie ist fast tausendneunhundert Kilometer lang.

An der Hausnummer 5650 stauen sich die Autos vor einem Geschäftshochhaus mit einer Fassade aus polierten graubraunen Granitplatten. Im Erdgeschoss befindet sich ein Starbucks. Ein verspiegelter Fahrstuhl fährt lautlos in den dritten Stock. Das Büro des Ontario Teacher's Pension Plan sieht aus wie eine Zahnarztpraxis: weiße Wände, Neonlicht, weiße Fliesen, ein in verschiedenen Grautönen gestreifter Fußboden. Ein stilisierter silberner Apfel, das Symbol der Pensionskasse, ist in die Glastüren eingefräst. Vor einer neonblau leuchtenden Milchglaswand sitzt die Empfangsdame.

Dreier hat hier einen Termin. Er trifft den Anwalt des Pensionsfonds, Michael Padfield. Die beiden besprechen mögliche Geschäfte, nichts Konkretes, sie tauschen Visitenkarten, Dreier bittet ihn, ein Konferenzzimmer im Gebäude des Pensionsfonds benutzen zu dürfen, da sein Flug erst später gehe und er noch einen Freund treffen wolle. Padfield sagt, Dreier solle sich ganz wie zu Hause fühlen. Das tut Dreier. Er nimmt den Fahrstuhl hinunter in die Lobby und wartet, bis der Fortress-Manager Howard Steinberg eintrifft.

Im Foyer stehen schwarze Kunstledersessel, in großen Kübeln müssen ein paar Hartlaubgewächse Dschungel spielen, in einem Granitbrunnen plätschern kleine Fontänen, die von unten beleuchtet werden. Hinter einer Säule wird ein Kunstwerk von Max Leser ausgestellt, ein Glaskasten, in dem ein Boxhandschuh aus dem Jahr 1984, der preisgekrönte Roman *Not wanted on the voyage* von Timothy Findley und Zeitungen vom 3. Dezember 1986 liegen. Das Werk heißt »Time Capsule« und wurde an diesem Tag des Jahres 1986 versiegelt und aufgestellt.

Auf den Tag genau zweiundzwanzig Jahre danach steht Marc Dreier neben dieser Säule und wartet auf Howard Steinberg – besser, er fängt ihn ab, lotst ihn in das Büro und händigt ihm Padfields Visitenkarte aus. Dreier, der Mann, der über zweihundertfünfzig Anwälte regiert, dessen Gesicht auf allen Websites von Dreier LLP zu finden ist, spielt Steinberg vor, er sei Padfield. Er legt gefälschte Verträge vor. In einem kleinen Raum, an einem runden Holztisch, neben einer Zimmerpflanze, die im Neonlicht versucht, nicht zu sterben, an einem Tisch, an dem man eher pensionierte Lehrer erwartet, unterzeichnet Dreier als Michael Padfield einen Vertrag, der Dreiers Firma retten wird. Aber plötzlich bittet Steinberg Dreier, er möge kurz einen Kollegen dazurufen, mit dem der Fortress-Manager offenbar im Vorfeld gesprochen hatte. Dreier reagiert falsch. Er kennt den Namen des Mannes, aber er hat seine Nummer nicht. In einer anderen Version der Geschichte kommt eine Putzfrau herein, die den Raum putzen sollte, und fragt, wer die Anwesenden seien, Dreier versucht, sie hinauszuwerfen und sagt, er sei Padfield, und die Putzfrau sagt: »Nein, den kenne ich, Sie sind nicht Padfield.«

Steinberg wird jedenfalls misstrauisch. Er entschuldigt sich und fragt am Empfang nach, ob dieser Mann dort oben Padfield sei. Die Empfangsdame verneint erstaunt; Dreier flüchtet in Panik aus dem Gebäude.

Auf der gegenüberliegenden Straßenseite stehen ein paar alte, heruntergekommene Backsteinbauten. Die rotweißen Busse der Linie 53B fahren vorbei. Eine Neonreklame wirbt für Kontaktlinsen und Sprachkurse, in einem verschmutzten Gelbklinkerhaus befinden sich eine Karaokebar mit dem Namen »Shout Karaoke«, ein koreanisches Restaurant, eine mexikanische Grillstation und »Mamma's Pizza – Since 1957« – die Läden der Einwanderer, die hier ihr Glück versucht haben. Die Worte »Cash« und »Money« gelb und rot über einer kleinen Bankfiliale. Graue Mülltonnen mit grünen Deckeln, Rollsplitt im Schneematsch, lange Peitschenmasten, Cash, Money, mexikanische Pizza, Spiegelglastürme, kanadischer Eiswind.

Dreier dreht um. Er geht zurück in den Turm, fährt wieder in den dritten Stock, um eine weitere Ausrede zu improvisieren. Nie aufgeben. *Corriger la fortune.*

Aber Steinberg hat schon die Polizei gerufen, der Sicherheitsdienst ist da, Dreier wird wegen »Verkörperung eines kanadischen Anwalts« verhaftet. Ein halbes Jahr später beginnt der Prozess gegen ihn. Die Verteidigung schlägt zehn Jahre vor, der Staatsanwalt fordert einhundertfünfundvierzig Jahre.

Als Dreiers Villa in East Quogue am 17. Juni 2009 versteigert wird, sitzt Marc Dreier unter Hausarrest in seinem Apartment in Manhattan. Die Kunst ist abgehängt worden. Der kahle Raum ist das Bild des Zusammenbruchs zweier fiktiver Systeme, die sich gegenseitig für die Realität hielten – oder als Realität benutzten.

Die Geschichte von Marc Dreier ist auch die Geschichte vom Kollaps zweier fiktionaler und hochspekulativer Systeme, die sich gegenseitig für die echte Welt der sicheren Werte gehalten und dadurch gegenseitig gestützt haben.

Die Kunstwelt war begeistert über Kunden wie Marc Dreier, weil er die fiktiven Werte, die Behauptung, ein Werk habe einen enormen kulturellen und finanziellen Wert, mit richtigem Geld objektivierte; die Behauptung von Galeristen und Museumsdirektoren, etwas sei bedeutend, wurde dank des Kunden aus der Finanzwelt Realität.

Dreier war einer von denen, die ungewohnte Geldmengen in die Kunstwelt pumpten, in der man glaubte, dass das richtige, echte, harte Geld der Börsen die Welt der flüchtigen Experimente und Fiktionen stabilisiere, die Behauptungen der Kunstwelt Realität werden lasse. Das hochspekulative Geschäft Gegenwartskunst sah in der Finanzwelt eine Objektivierungsinstanz. Jetzt musste man feststellen, dass die Welt des Geldes noch viel experimenteller, fiktionaler, flüchtiger war als die eigene.

Denn vor allem die hochspekulative Finanzwelt brauchte anerkannte Symbole, um ihren Erfolg zu dokumentieren – und dafür brauchte sie Kunst. Wer einen Rothko und einen Pollock hat, muss erfolgreich sein und zieht Menschen an, die mit Geld zu tun haben. Auch wegen seiner Vernetzung in die Kunstwelt hinein wollten alle mit Marc Dreier befreundet sein; hätte er sein Geld für Polopferde und Rennwagen ausgegeben, hätte er Tierärzte, argentinische Großgrundbesitzer und Mechaniker um sich herumgeschart, wäre er nicht so attraktiv gewesen. Bei einer Party, zu der die Kunstwelt geladen ist, zur Einweihung einer Kunstsammlung, kommt auch Hollywood, weil nicht nur Geld zu besichtigen ist, sondern auch Sinnstiftung und tiefere Einsicht ins Menschsein versprochen wird; die Kunstvernissagen dieser Jahre waren der einzige Ort, an dem Kapitalismus und Kunstreligion, Spekulation und Philosophie, Gesellschaftskritik und Komplizentum in einer einzigen großen Zentrifuge so lange ineinandergeschleudert wurden, bis sie ein untrennbares Ganzes, ein toxisches Gebräu aus Ästhetik und strategischen Interessen ergaben: *contemporary art*.

Im derivativen Kapitalismus, in dem nicht mehr fundamentale Werte von Aktien oder die Produktivität preisbestimmend sind, sondern Behauptungen, Vorhersagen und Wetten, waren ein paar physische Objekte wichtig, um zu zeigen, dass man wirklich Erfolg hat, dass man über das Stadium des bloßen Versprechens, der vielversprechenden Annahme hinaus ist. Deswegen brauchte das legale wie das kriminelle Spekulantentum die Kunst, vor allem die sicheren Werte von Pop Art und klassischer Moderne – sie waren das, was das spekulative oder ergaunerte Kapital zum objektiven Wert machte und noch objektivierend und vertrauensbildend auf alles andere abstrahlte, was der Kunstkäufer so trieb. Deswegen entwickelte sich parallel zum spekulativen Neoliberalismus die Gegenwartskunst ebenso gut wie der Handel mit klassischer Moderne, abstraktem Expressionismus und Pop Art.

Weil der derivative Kapitalismus nicht mehr mit Objekten handelt, sondern mit Behauptungen und Vorhersagen, müssen die Objekte, die seinen Erfolg beweisen sollten, das Physischste und Unspekulativste sein, was an kultureller Produktion zu haben ist: Ölgemälde, Sportwagen, Schnellboote – und Villen.

Marc Dreiers Haus war, wie die Villa in Fitzgeralds *The Great Gatsby*, ein solches Erfolgssymbol, das auf einer Lüge aufgebaut war, auf dem Willen, das Schicksal zu korrigieren. Es war ein Symbol eines erklärbaren, offensichtlichen und bald unhinterfragbaren Wohlstands. Marc Dreiers *fortune* endete in der Mortgage Crisis von 2008, die entstanden war, weil zu viele Menschen sich Häuser geleistet hatten, die sie sich nicht leisten konnten. Marc Dreier hatte das größte Haus von allen. Rückblickend aber sieht es mit seinen Hypertrophien, den seltsamen, endlosen, irrealen Auswüchsen, mit den monströs ausufernden, alles Maß sprengenden Flügeln und Erkern aus wie der zentrale Symbolbau des vollkommen außer Kontrolle geratenen Kapitalismus, wie das Haus gewordene Prinzip der Subprimes, des Darlehens ohne jede Garantie, ein gebauter, sich endlos selbst klonender Hyperloop, in dem jeder Teil nur ein Verweis auf etwas Kommendes ist.

Vielleicht verrät die berühmte Fotografie eines anderen Hauses, die Dreier sich kaufte, sehr viel über seine Welt: Da ist das »Case Study House #22« zu sehen, dessen Wohnzimmer über dem nächtlichen Los Angeles schwebt, und die Schönheit dieses Fotos von Julius Shulman liegt vor allem darin, dass man nicht sieht, wie das Haus dort oben fliegen kann, und doch sieht, dass es das offenbar tut, dass man dem Unmöglichen dabei zusieht, wie es gelingt, eine optische Täuschung, schon klar, aber eine, die ihre Bewohner glücklich macht.

Das Haus in East Quogue steht leer an der überfluteten Straße, ein Dodge rollt vorsichtig, wie auf Zehenspitzen, ins Wasser hinein und verschwindet Richtung Shinnecock Bay.

Ich fuhr über den Southern State Parkway zurück nach Manhattan, vorbei an Ortschaften, die Bohemia und Babylon und Utopia hießen, über die Queensboro Bridge, wo die Türme von Midtown aus einem feinen hellgrauen Dunst auftauchten.

Ich fuhr auf die 7th Avenue und bis zur Nummer 745, dem früheren Goldman-Sachs-Gebäude, das 1999, mitten im Boom der Neuen Märkte, in nur einem Jahr für Morgan Stanley gebaut wurde, aber dann war der Boom vorbei, und statt Morgan Stanley zogen Lehmans Banker ein. Noch lange nach dem 15. September 2008, als alles zusammenbrach, konnte man auf Google Street View ein Foto sehen, das vor der Finanzkrise aufgenommen worden war, man sah dort in eine untergegangene Welt, in der an der Fassade des Hochhauses immer noch »Lehman Brothers« und »Where Vision gets built« stand, und vor der Tür warteten Chauffeure von schweren amerikanischen Limousinen auf die Banker, Passanten schlenderten vorbei, ohne zu ahnen, dass es ihr Geld, das sie hinter der Glasfassade gut betreut glaubten, längst nicht mehr gab. Bezogen kurz nach dem 11. September 2001, verlassen am 15. September 2008; die Türme stehen für die beiden großen amerikanischen Krisen, die das Jahrzehnt rahmen, für den Angriff von außen und die Zerstörung von innen.

Ist Marc Dreier ein klassischer Betrüger? Das ist nicht einfach zu sagen in einem Finanzsystem, das auch dort, wo es legal operiert, echte Werte von reinen Behauptungen schlecht unterscheiden kann.

Man muss genau sein. Dreier hat sich nicht nur Geld geliehen, um davon Kunst zu kaufen oder es bei Strandpartys zu verbrennen. Er hat von dem Geld Anwälte gekauft, die sehr viel Geld für ihn verdienten, er hat es in Projekte investiert, die anfingen, Geld zu bringen, er hat es als das behandelt, was es war – Risikokapital. Nur dass er es nicht so eingesetzt hat, wie er behauptete. Das war sein Betrug. Aber es ist eine andere Form von Betrug als der, den Madoff begangen hat. Madoff musste an einem gewissen Punkt wissen, dass er Menschen bestiehlt und ihnen ihr Geld nie würde wiedergeben können; seit Anfang der neunziger Jahre hatte er die Gelder seiner Geldgeber nicht mehr angelegt. Die Fair Food Foundation of Ann Arbor, die die Armen von Detroit mit Lebensmitteln versorgte, musste aufgeben, weil sie von einer unbekannten Person finanziert wurde, die ihre Einlagen bei Madoff verwalten ließ. Der britische Kriegsveteran William Foxton, der durch Madoff all seine Ersparnisse verlor, erschoss sich in einem Park.

Marc Dreier fälschte Bilanzen, erfand Erträge, führte Menschen hinters Licht – um das zu tun, was die mit ihrem Geld tun wollten: spekulieren. Hätte man Dreier so weitermachen lassen, wie er es tat, hätte er irgendwann das ergaunerte Geld in wirkliches Geld verwandelt. Unter Umständen hätte man ihn später für seine »unkonventionellen Methoden« im Umgang mit dem Markt gefeiert – wenn alles gut gegangen wäre. Die Frage, wo hier der Betrug, das Illegale und Amoralische anfing, ist nicht so leicht zu beantworten wie bei einem Dieb, die Frage nach der Grenze von Spekulation und Betrug ebenfalls nicht – wie auch die Schwierigkeiten der staatlichen Regulierung des Finanzsektors nach 2008 zeigten. Was ist Betrug in einem System, in dem Finanzinstitute, die rechtlich keine Banken sind, also »Schattenbanken«, nicht reguliert werden konnten; in dem Finanzprodukte vollkommen legal zur Volatilität und Intransparenz der Märkte beitragen durften; in dem, anders etwa als bei Medikamenten, Produkte auch dann in den Markt gelassen werden durften, wenn klar war, dass sie keinen volkswirtschaftlichen Nutzen, sondern vor allem systemische Risiken mit sich bringen würden; in dem der Finanzsektor sich von seiner Grundfunktion, langfristige Kredite an Unternehmen für produktive Zwecke zu vergeben, längst verabschiedet hat und den Rest der Wirtschaft zwingt, Geld dafür zu bezahlen, überlebensnotwendige Informationen über seine undurchschaubaren und hyperkomplexen Finanzprodukte zu erhalten – die dann oft nicht einmal stimmten?

Wollte Marc Dreier vor allem die Macht, die plötzlichen Auftritte schöner Frauen in seinem Leben, den Klang des Aston-Martin-Zwölfzylinders morgens in der Tiefgarage, das seltsame Glühen des Rothkos – oder war all das nur eine Entschädigung, eine verdiente Belohnung, der sichtbare Beweis dafür, dass er nicht falschgelegen hatte; dass sich die Aufopferung gelohnt hatte, die Hundert-Stunden-Wochen in den achtziger und neunziger Jahren, in denen seine Jugend zerfiel und seine Ehe; der zehn Jahre dauernde, sinnlose, unvollendete, abgebrochene Riesenprozess, der sein Triumph hätte werden können, aber nicht wurde, weil sein Klient aus irgendwelchen Gründen aufgab und ihn so um den Erfolg brachte, den er gehabt hätte, wenn er ihn hätte zu Ende führen können; all die Abende, an denen er nicht seine Kinder ins Bett gebracht hatte, die ihn manchmal besuchten und die er gern häufiger gesehen hätte; all die Tage, an denen er nicht mit seiner Frau – und nicht – und nicht …

Konkursrichter Stuart M. Bernstein ordnete im Frühjahr 2009 die Versteigerung von Dreiers Strandhäusern an. Am Mittwoch, dem 17. Juni 2009, um 13 Uhr wurden beide Häuser in East Quogue für 3,8 und 6,6 Millionen Dollar versteigert. Bieter mussten am Eingang einen gedeckten Scheck über 400 000 Dollar für das große oder 100 000 Dollar für das kleine Haus abgeben. Er wurde am Ende der Versteigerung wieder ausgehändigt. Dreiers New Yorker Wohnung wurde einen Monat später für 8,2 Millionen Dollar verkauft. Marc Dreier sitzt in der Federal Correctional Institution von Sandstone, Minnesota, ein. Er möchte nicht reden. Seine Entlassung ist für den 26. Oktober 2026 festgesetzt.

ITALIEN, SARDINIEN

MONICA VITTIS
UND
MICHELANGELO
ANTONIONIS
KUPPEL

Am nördlichen Ende von Costa Paradiso, einem heruntergekommenen Feriendorf, das in den siebziger Jahren in einer Bucht an der Westküste Sardiniens gebaut worden war, ragen zwischen den Granitfelsen zwei Betonkuppeln aus einem Dickicht von Ginster, Zistrosen, Olivenbäumen und Pinien hervor. Die kleinere wurde erst vor kurzem gestrichen, die größere ist eine Ruine: Der Putz fällt ab, aus dem bröckelnden Beton ragen rostige Armierungen heraus. Einige der seltsam geformten Fensterscheiben sind zerbrochen oder zugenagelt.

Pola erinnert sich, wie sie über die Küstenstraße kamen, in einem kleinen Fiat oder einem Alfa, vielleicht einem Mietwagen, es war keiner der Sportwagen, mit denen sie in Rom herumfuhren. Es gibt ein paar Fotos, die sie auf der Reise zeigen, Bilder, die an Radarfotos erinnern; der Mann am Lenkrad sieht auf eine zuversichtliche Weise nachdenklich aus; sie schaut in die Ferne, und ihr turbulent zerwühltes, blond leuchtendes Haar ist mehr als eine Frisur, eher ein ganzes Programm, das im Fahrtwind entstandene Monument eines wilden Eigensinns.

Die wenigsten Touristen, die im Sommer über die SS 90 nach Buoncammino fahren, wissen, dass diese Kuppel, die sich hinter roten Felsen und verschlungenen Pfaden versteckt, Anfang der siebziger Jahre für die Schauspielerin Monica Vitti und

33

ihren Liebhaber, den Filmemacher Michelangelo Antonioni, gebaut wurde – und dass dieses Haus eine der großen Liebesgeschichten des 20. Jahrhunderts in Beton zementieren sollte.

Als Monica Vitti und Michelangelo Antonioni über die engen Straßen, die durch die Macchia führen, an die sardische Nordwestküste kamen, hatten sie bereits vier Filme miteinander gedreht, *L'Avventura* und *La Notte*, *L'Eclisse* und *Deserto Rosso*, und sie hatten seit Jahren eine Affäre, die erst ein paar Mitwissende in Cinecittà und dann die gesamte römische Klatschpresse in Atem hielt. Weniger bekannt ist, dass das Paar sich Anfang der siebziger Jahre an dieser Felsküste von den Bauunternehmern Giovanni und Sebastiano Pola ein Haus bauen ließ, wie man es noch nicht gesehen hatte: eine Binishell, benannt nach dem Architekten Dante Bini – kein Haus mit einem Dach, sondern eine Betonschale, die aussah wie eine Mischung aus einem versunkenen Boulléeschen Revolutionskenotaphen und einem Labor für Experimente mit einem seltenen, komplizierten Gas, das schnell zu entweichen droht, oder eigenartigen magnetischen Kräften – und in gewisser Weise war sie auch genau das.

Als Vitti und Antonioni sich kennenlernten, war er Mitte vierzig und ein mittelmäßig erfolgreicher Regisseur. Er hatte am Centro Sperimentale di Cinematografia Filmtechnik studiert und Roberto Rossellini kennengelernt, war im Krieg Assistent bei Marcel Carné gewesen und hatte für die von Mussolinis Sohn Vittorio herausgegebene Zeitschrift *Cinema* ein paar scheußliche Würdigungen faschistischer Propagandafilme verfasst.

Er hatte *Chronik einer Liebe* gedreht, den Film, mit dem er bekannt wurde, er hatte mit *Il Grido* ein finanzielles Desaster angerichtet, weswegen er drei Jahre brauchte, um das Geld für *L'Avventura* zusammenzubekommen.

Maria Luisa Ceciarelli, die sich schon früh Monica Vitti nannte, wurde 1931 in Rom geboren. Sie hatte in der Theatergruppe von Sergio Tofano Shakespeare gespielt und trat in einem von Antonioni inszenierten Stück auf, bei dem er sie entdeckt haben soll. Sie war neunundzwanzig, als sie mit *L'Avventura* berühmt wurde.

Wenn man *L'Avventura* sieht und von Vittis und Antonionis Affäre weiß, dann überlagern sich Leben und Film auf eine seltsame Weise: Monica Vitti spielt Claudia, die Freundin von Anna, die mit ihrem Geliebten Sandro, einem schon älteren Architekten, einen Ausflug zur äolischen Felsinsel Lisca Bianca macht. Dort streitet sich das Paar, Anna verschwindet, ein Gewitter zieht auf, die Ausflugsgesellschaft sucht Schutz in einer Hütte, und auf der Suche nach Anna kommen sich die ebenso phantastisch schöne wie eulenartig kritisch schauende Claudia und Sandro näher.

Die Dreharbeiten müssen, wenn man den Filmhistorikern glauben darf, eine Katastrophe gewesen sein: Während auf Lisca Bianca gefilmt wurde, ging die Produktionsgesellschaft pleite, dann erkrankte Lea Massari, die Anna spielt, und die Motoryacht, auf der gedreht werden sollte, tauchte nicht auf. Schließlich wurde es November; wegen der bewegten See konnte das Versorgungsboot nicht an der Insel anlegen, das Filmteam musste das Essen rationieren und auf der Insel in verlassenen Hütten übernachten, so wie Claudia und Sandro im Film – wobei im wirklichen Leben Antonioni offenbar selbst die Rolle des Sandro übernommen hat.

Als *L'Avventura* 1960 uraufgeführt wurde, buhte das Premierenpublikum; Vitti wurde trotzdem zum Star. Sie stellte nicht das tippelnd verkicherte Fräulein dar, das endlich entdeckt werden will, wie Sophia Loren es in *Wie herrlich, eine Frau zu sein* tat, und nicht wie Lea Massari in *L'Avventura*, die leidend passive Schönheit, die nur darauf wartet, endlich geheiratet zu werden, sie war ein neuer, selbstbewussterer Frauentyp.

Vitti drehte mit Antonioni vier Filme in vier Jahren und stürzte sich in eine langjährige Affäre, deren Turbulenz man schon an den Räumen erkennen kann, in denen sie stattfand: In Rom, schreibt Antonionis Biographin Charlotte Chandler, wohnten sie in zwei übereinanderliegenden Wohnungen, »die mit einer Falltür und einer Wendeltreppe verbunden waren, so dass sie sich treffen konnten, ohne gesehen zu werden. Nach dem Ende ihrer Affäre ließen sie die Falltür im Fußboden schließen. Enrica, Antonionis zweite Frau, die er nach der Geschichte mit Vitti heiratete, hob einmal den Teppich an, um mir die Tür zu zeigen«, eine Tür in eine Vergangenheit, die sich nicht mehr öffnen ließ.

In Costa Paradiso erzählen sie, Michelangelo Antonioni habe sich das Haus in den frühen sechziger Jahren gebaut, um Monica Vitti zu beeindrucken, und dann habe er ihr das gleiche Haus noch einmal in klein auf einen benachbarten Felsen stellen lassen. Es steht, keine hundert Meter von der »Grande Cupola« entfernt, wirklich eine identische »Piccola Cupola«, und tatsächlich sehen die Bauten aus wie das gebaute Bild einer Sehnsucht und einer Spannung, wie die Doppelform, die die Beziehung zweier autonomer Geister angenommen hat – nur leider stimmt die Geschichte nicht. Was ist also die Wahrheit hinter den Kugelhäusern am Meer?

———

Der Entwurf der »Grande Cupola« stammte von Dante Bini; der Architekt ist ein Jahr älter als Monica Vitti, er hatte 1964 ein Patent für die sogenannte Binishell angemeldet, eine Bautechnik, bei der ein hausgroßer Gummiballon mit Armierungen bedeckt, mit Beton bespritzt und dann langsam aufgeblasen wird. Wenn der Beton aushärtet, wird der Ballon herausgezogen; anschließend werden Türen und Fenster in die so entstandene Kuppel eingeschnitten.

Ich traf Bini zusammen mit seinem Sohn Niccolo in London in einem seltsamen Pub. Er war ein gutaussehender Italiener mit dichtem weißen Haar und einer sehr ambitionierten schwarzen Brille; wenn er lachte, sah es aus, als habe er doppelt so viele Zähne wie ein normaler Architekt.

Er erzählte, wie er in Cortina d'Ampezzo Ende der sechziger Jahre ein Skirennen gewonnen hatte, der Preis wurde von Monica Vitti überreicht; so hätten sie sich kennengelernt. Dann habe Vitti ihm Antonioni vorgestellt und von dem Grundstück an der sardischen Steilküste erzählt und von dem Haus, das sie sich bauen wollen, ein Haus, das nach Meer, Ginster, Lavendel und dem roten Stein der Felsen riecht, ein Haus als Schall- und Geruchsverstärker und Intensivierungsmaschine.

— Sie sagten, sie wollten kein Haus, sondern einen Raum, sie wollen im Raum leben, nicht zwischen Wänden. Antonioni sagte mir, er hasse gerade Wände und glatte Böden, er wolle mitten im Stein leben. Architektur sei nicht nur Licht, Schatten, sondern auch Geruch. Sein Haus solle nach der Natur riechen, die es umgibt. Er sagte: »Haben Sie je versucht, einen Stein zu riechen?« Ich sagte: »Wie bitte?« Er sagte einem der Arbeiter, er solle einen der roten Granitbrocken aufbrechen. Er hielt mir den aufgebrochenen Granit vor die Nase, und was soll ich sagen, der Geruch war unglaublich. Sie mochten den Geruch von wildem Rosmarin. Deswegen habe ich einen Garten mitten ins Haus gebaut, so dass der Geruch in alle Räume kam. Und dann wollten sie das Geräusch der Wellen hören.

———

Ich fuhr nach Santa Teresa di Gallura. Es war die Zeit nach dem langen Sommer, die Sonne hatte das Gras verbrannt, und die Blätter der Olivenbäume rollten sich zusammen, und der Staub wehte über die Felder.

Vom Turm der Chiesa San Vittorio blätterte die Farbe in großen Fladen ab und fiel vor das flache blaue Haus der Panetteria. Auf dem Platz parkten ein paar Motorinos und ein weißer Fiat, aber um diese Zeit war kein Mensch zu sehen, nur unten an der Rena Bianca, dem Strand am Ende der Via Verdi, lagen ein paar Urlauber in der Mittagshitze und wurden rot, und das Meer lag ruhig und türkis in der Bucht und spielte Karibik. In der Ferne sah man die Berge von Korsika. Eine alte Frau wanderte mit kurzen Schritten zu einem Münztelefon und nahm den roten Hörer ab.

Ich bestellte einen Wein im Caffè del Mare und wartete. Hin und wieder raste ein Motorino-Fahrer so dicht an den Tischen vorbei, dass man ihn am Arm hätte festhalten können, es war eines der Cafés, wie es sie nur in südlichen Ländern gibt, ein paar Stühle mitten auf der Straße, eine wilde Besetzung eher als eine ordentliche Terrasse.

Dante Bini rief eine Stunde später an; er konnte die Adresse der aktuellen Besitzer nicht finden. Man solle einfach so zum Haus gehen, es sei nicht eingezäunt, die Tür sei offen.

Von Santa Teresa Gallura fährt man etwa eine halbe Stunde bis nach Costa Paradiso, über die SS 90, die sich zwischen Ginster und Zistrosen und Ölbäumen und vom Seewind ratlos verbogenen Kiefern an der Felsküste entlangwindet. Es ist fast kein Verkehr hier um diese Jahreszeit, nachts kreuzen ein paar Wildschweine die schmale Straße, die nach Buoncammino führt, und verschwinden in der Macchia.

Die Cupola lag am Ende eines schmalen Weges, der sich durch eine Ferienhaussiedlung, die ihre besten Zeiten hinter sich hatte, und dann an einer Steilküste entlanghangelt. Das Holzgatter war mit einem Schloss gesichert, aber neben dem Tor war die Mauer nur kniehoch, und man konnte durch die Macchia bis auf die Terrasse laufen.

An dieser rauhen, zum offenen Meer gewandten Küste gab es damals nicht viel mehr als ein paar frisch geteerte Pisten und die Hütten der Baufirma Pola. Sebastiano Pola, 1928 geboren, lebt noch heute hier, sein Sohn und sein Neffe führen den Betrieb. Pola erzählt:

— Damals, 1965, gab es hier so gut wie nichts. Das ganze Terrain gehörte einem Signor Tizzoni. Er wollte hier eine Feriensiedlung bauen, etwas ganz Großes. Wir legten für ihn Straßen an und erschlossen die Grundstücke und bauten die Foresteria, in der auch Antonioni und Vitti schliefen, als wir ihr Haus bauten.

Tizzoni brachte Freunde aus Rom an die Küste, Sänger, Schauspieler. Vitti und Antonioni entdeckten den Ort durch ihn, als er nur aus ein paar Fischerbuden bestand. 1969 bestellten sie bei ihm ein Haus nach einem Entwurf von Dante Bini; Vitti unterschrieb den Vertrag. Es gab kein Telefon, außer in der Foresteria, wenn Antonioni Vitti anrufen wollte, wenn er mit ihr am Telefon stritt, mussten die Arbeiter den Speisesaal verlassen.

———

Das Haus kann von zwei Seiten betreten werden: Eine Brücke, die so aussieht, als könne sie jeden Moment einstürzen, führt in die obere Etage der Cupola. Dort war die Tür versperrt, aber der zweite Eingang unter der maroden Betonbrücke stand offen.

Es roch nicht wie in einem alten, unbewohnten Haus, und zwar deswegen, weil man durch die Tür in einen Innenhof trat, oder sollte man sagen, in einen Raum, der oben in der gewölbten Decke ein großes Loch hatte, wie das Pantheon in Rom. Man war jedenfalls wieder draußen, und die Räume des Hauses waren nur von dünnen Glastüren getrennt. Ich schaute mich um. Die roten Stahlrohrbetten im Gästezimmer, die gelbe Matratze mit blauen Blumenmustern, der verrostete Kleiderhaken in der Wand – alles sah aus, als sei schon länger niemand mehr hier gewesen, aber aufgegeben sah das Haus auch nicht aus.

Im Wohnraum lag ein vergilbter *Corriere della Sera* vom 30. Juni 2005 auf einer Anrichte, gemeldet wird, dass Berlusconi 2006 wieder als Kandidat bei den Wahlen antreten wolle.

Die Kanten der weiß gestrichenen Brücke, die durch den Innenhof führt, war braun vom Wasser, das bis auf die rostigen Armierungen in den Beton gedrungen war und jetzt in Rinnsalen wieder herauslief. Von hier oben sah man das Meer wie durch ein Fernrohr. Unten im Wohnzimmer standen ein paar Bambussessel mit grünweiß gestreiften Polstern. Die Bodenplatten waren aus dem Stein der Felsen von Costa Paradiso geschnitten.

Die Cupola ist ein erstaunliches Labyrinth aus Innen- und Außenräumen: Die Kuppel ist oben offen wie das Pantheon in Rom, durch den Innenhof darunter winden sich verdrehte Treppen, die auf Terrassen und Podeste führen; das Innerste des Hauses ist zugleich wieder außen. In die Schale wurden Ideen für zwei oder drei Häuser hineingebastelt, was auch daran liegen kann, dass dieses Haus gleichzeitig von einem Architekten und von einem Regisseur erbaut wurde, deren Ideen und Raumvorstellungen ständig aufeinanderkrachen, sich überlagern und verwirren, es kollidieren dort sozusagen eine architektonische und eine cineastische Idee von Erzählung und Raum.

Ich stieg die abenteuerliche Treppe hinauf, eine Treppe ohne Geländer, gebaut aus rohen, in die runde Innenwand gerammten Felsbrocken, über die man hinunterbalancieren muss wie draußen zur Bucht, nur dass diese Treppe vielleicht noch etwas gefährlicher ist. Genau das sollte sie sein, ein Monument der Gefahr und der Schönheit, die für Antonioni zusammenhingen und Konzentration und Wachheit erforderten und alles intensiver leuchten ließen.

Monica Vitti balancierte diese Treppe hinunter, auf deren Bau Antonioni bestanden hatte, obwohl Bini schon zwei andere Treppen vorgesehen hatte, Antonioni saß am Fuß dieser Treppe und schaute zu, wie sich eine Szene, die er offenbar sehr liebte – Monica Vitti, barfuß die Felsen hinunterkletternd –, dauernd wiederholte, wie das Haus ihm diesen Film immer wieder vorspielte.

Offenbar hatte sich Antonioni mit dem Haus eine Bühne um seine Obsession mit der balancierenden, herumkletternden Monica Vitti und ihren bloßen Beinen herumgebaut, die in vielen ihrer gemeinsamen Filme, ob *L'Avventura*, *La Notte* oder *Deserto rosso*, sichtbar wird. Die Treppe war eine gebaute Filmszene, ein eingemauerter Moment, den Antonioni immer wieder zurückspulen und hervorrufen konnte, eine Bühne für private Obsessionen, auch deswegen erklärt sich der mäandrierende Grundriss der Cupola niemandem, der nicht weiß, was diese Treppen und Wege nach- oder vorzeichnen sollten.

---

Am ersten Tag fühlte ich mich wie ein Einbrecher in einem fremden Leben. Ich horchte, ob sich ein Auto näherte, einmal knackte es im Gebüsch, aber es war nur ein Vogel oder ein Wildschwein oder eine der wilden Schildkröten, die hier lebten.

Am nächsten Tag war das Meer dunkelblau, und Korsika verschwand in einer eleganten sardischen Dunstwolke. Ich ging in die Cupola, stellte meine Tasche auf die Freitreppe und setzte mich auf den Balkon, der von Vittis Zimmer in Richtung Norden, nach Korsika schaut. Eine seltsame geschwungene Brücke führt von ihrem Zimmer in den Innenhof. Das Innerste der Cupola ist ein Garten unter einem offenen großen Okular, ein Außenraum, auch das wirkte wie eine Idee aus einem Antonioni-Film – dass man einen Betonreaktor baut, um etwas zu schützen, und dann ist das Innerste gleichzeitig wieder ein Außen und Innen zu sein nur eine intensivere Art, draußen zu sein.

In Antonionis Filmen werden die Farben und die Dinge mit einer fast surrealen Präzision gezeigt – so, als ob plötzlich jemand einen milchigen Schleier von ihnen gerissen hat. Ganz ähnlich werden in Vittis und Antonionis Haus die Pflanzen, die Möbel, das Licht, der Geruch ausgestellt wie Exponate: Der Geruch der Felsen, die Kamille, die in den Terrazzoboden eingelassen wurde, das Geräusch der Wellen wirkt dichter in der Stille der Kuppel. Zusammen mit Bini hatten sie sich einen Naturverstärker und einen Wahrnehmungsfilter gebaut, ein aufgebrochenes Haus, durch das der Regen und der Wind rauschen sollte, eine Lebensintensivierungsmaschine.

———

Pola kam vorbei. Er hatte sich umgehört, das Haus, sagte er, gehöre einem Paar aus Neapel, das es geerbt hatte, einer Fernsehreporterin und einem Kulturjournalisten, freundliche Menschen, die kein Geld hatten, die Cupola zu renovieren und die ein paar Tage im Jahr in der Betonschale campierten, so hätten es die Nachbarn erzählt, und schwimmen gingen und dann auf der Terrasse sitzen und Rosé trinken und viel rauchen.

Das Wetter wurde besser, und es wurde immer selbstverständlicher, in dem leeren Haus zu sein. Ich verbrachte dort jetzt ganze Tage, saß auf der Treppe, ging schwimmen oder lag auf der Terrasse.

Ich balancierte durch die roten Felsen zum Meer hinunter, hier war die einsame Bucht, in der, hatte Pola gesagt, Monica Vitti immer schwamm (*nuda*, hatte er gesagt, stellen Sie sich das vor). Die Fischer konnten sie vom Meer aus sehen, als hellen Punkt im dunkelblauen Wasser. Die Felsen waren schroff und schnitten in die Haut ein, wenn man sie berührte, nur unter Wasser waren sie bemoost und glitschig; man sah bis auf den Grund. Etwas oberhalb der Badestelle hatte sich beim letzten Sturm ein Tümpel gebildet, das Wasser hatte sich in der Sonne unangenehm erhitzt, wie in einem vergessenen Whirlpool. Das Gebüsch war dürr und grau hier. Kleine Krebse rannten über den Sand, Möwen kreisten in der Luft, oben riss der Wind an den zerzausten Kiefern. Von der Bucht aus gesehen verschwand das Haus wie ein Riesenkiesel in der Natur.

Am vierten Tag hielt ein Auto vor dem abgesperrten Holzgatter. Ich ging die Sandpiste hinauf, vorbereitet, meine Anwesenheit auf dem Grundstück zu erklären, wer immer dort auftauchen sollte (schließlich hatte ich einen guten Grund, dort zu sein). Eine kleine Gruppe hatte sich am Zaun versammelt, zwei von ihnen waren schon hinübergeklettert, ein Dritter, ein für diese Wildnis übertrieben elegant gekleideter, etwa achtzigjähriger Herr, hing noch mitten auf dem Gatter. Eine ältere Dame rief mir Entschuldigungen entgegen; offenbar hielten sie mich für den Besitzer. Bei den Eindringlingen, die mit einem alten Landrover vorgefahren waren, handelte es sich um die Besitzer der Berliner Architekturgalerie Aedes, Kristin Feireiss und Hans-Jürgen Comerell, der Mann auf dem Zaun war ein Bekannter von Dante Bini, der 1933 geborene Architekt Alberto Ponis, der in der Nähe die Casa Hartley gebaut hatte, ein Ferienhaus, das fast ganz unter einem traditionellen Ziegeldach verschwindet und als Meisterwerk des »critical regionalism« gefeiert wurde. Kristin Feireiss schaute ungläubig, im letzten Winkel Sardiniens jemanden aus Berlin zu treffen. Ponis ließ sich geschickt auf die Seite des Grundstücks fallen und rückte das rote Halstuch zurecht, das er über einem rosafarbenen Hemd und einer ausladenden cremefarbenen Hose trug. Mit seiner Brille sah er wie eine freundliche, modebewusste Schildkröte aus. Er war unterwegs mit seiner Frau Annarita und Freunden aus Amerika, um seinen Gästen die Cupola zu zeigen.

Wenig später marschierten wir, wie eine illegale Reisegruppe, ein Team von Gestrandeten, durch das leere Gebäude; Ponis blieb vor einem Graffito stehen, das jemand auf den Balkon von Monica Vitti geschmiert hatte, und schüttelte den Kopf. Der vierundachtzigjährige Sebastiano Pola sagt:

— Das kleine Haus neben Vittis und Antonionis Haus, das fälschlicherweise für das von Monica Vitti gehalten wird, das haben wir zur gleichen Zeit für den Maler Vacchi gebaut – der mit Antonionis Exfrau verheiratet war. Die Paare verstanden sich ganz gut.

Ich ging hinüber zur »Piccola Cupola«. Sie war umwuchert von Wacholderbüschen, Rosettenbäumchen und Kiefern, im Unterholz sah man die Spuren der Wildschweine. Es gab überall Wildschweine hier, sie durften nicht gejagt werden und wussten das offenbar, manchmal, gegen Abend, tauchten sie in den Straßen von Costa Paradiso auf und versuchten die Müllbeutel aufzureißen, sprangen über die kleinen Steinmauern ins Dickicht, und manchmal standen sie reglos auf dem Sandweg, der zwischen den Kuppeln ans Meer führte, so als würden die den Sonnenuntergang betrachten.

Das Haus unterhalb der kleinen Cupola gehörte ebenfalls Monica Vitti, es ist ein normales sardisches Ferienhaus mit einem Pool, der über einem Steilhang schwebt. Bei unserem Besuch lebten in dem Haus ein paar schweigsame Osteuropäer, die eine Stunde lang große Kisten und Tüten aus dem Kofferraum ihres Geländewagens, der auf dem Parkplatz stand, den Pfad hinunter durch die Macchia zum Haus trugen. Dann sah man sie eine Woche lang nicht mehr, das Auto verstaubte, der Pool blieb leer.

Man weiß nicht, was genau Vitti und Antonioni damals suchten und warum sie sich genau hier ein Sommerhaus bauten. Aber man weiß, dass Antonioni von Curzio Malaparte fasziniert war, dem Schriftsteller, der sich Ende der dreißiger Jahre auf Capri ein ebenso archaisches wie modernes Haus auf einen Felsen der Punta Masullo gebaut hatte, in dem Godard später mit Brigitte Bardot *Le Mépris* drehte.

Es gibt Szenen in Antonionis *La Notte*, die sich direkt auf den Tod von Curzio Malaparte beziehen, der 1957 in Rom an Lungenkrebs starb. Und wenn man die Steintreppe sieht, die sich in den ersten Stock der Kuppel schwingt, als habe ein Ufo hier eine bizarre Gesteinsprobe genommen; wenn man durch die stehende Hitze des Korkeichendickichts hinuntergeht zu den großen, bizarren Felsplatten am Steilufer, auf denen Monica Vitti in den Sommertagen der frühen siebziger Jahre lag: dann erscheint das ganze Haus auch wie eine Herausforderung des anderen großen Programmbaus, der Casa Malaparte, die der Schriftsteller sich in den vierziger Jahren auf einem Kliff auf Capri bauen ließ. Die Casa Malaparte intensiviert die körperliche Erfahrung auf eine fast gewalttätige Art: Wenn bei Sturm die Wellen gegen den Felsen unter der Casa Malaparte schlagen, zittert das ganze Haus. Die »Grande Cupola« ist das genaue Gegenteil: Sie ist ein Observatorium für Dinge, die so winzig und unmerklich sind, dass man sie fast nicht wahrnehmen kann.

———

Bini verschwand bald wieder von Sardinien, nicht ohne auf der Isola di Cappuccini noch sieben weitere Binishells zu hinterlassen. Mittlerweile hat er tausendsechshundert Bauten errichtet, darunter viele Schulen und Einkaufszentren in Australien und Amerika, wo er 1989 das erdbebensichere Billigbausystem »Pak-Home« erfand und eine ökologisch nachhaltige Stadt für eine Million Einwohner entwarf, die statt in Autos oder Bussen auf solarstrombetriebenen Laufbändern durch die Gegend befördert werden.

Neben Antonioni siedelten sich in Costa Paradiso weitere Filmstars an, Macha Méril zum Beispiel, die mit dem Film *Im Zeichen des Löwen* debütierte und später mit Godard drehte und, wenn man den Leuten im Dorf glauben darf, eine Affäre mit Dante Bini hatte, wozu Dante Bini nichts sagt.

— Sie kamen damals, als wir das Haus bauten, oft. Antonioni war ein sehr starker Charakter, aber auch sehr zurückhaltend. *Molto riservato.* Vitti war ganz anders. Sie scherzte viel mit den Arbeitern herum, sie war sehr offen und energiegeladen.

Vitti und Antonioni blieben einige Jahre; es kamen Gäste aus Rom, es gab viele Feste. Vielleicht waren sie auch angetan von der Geschwindigkeit, mit der man eine Binishell errichten konnte, weil sie wussten, dass sie nicht mehr viel Zeit hätten. Vittis Betonhaus wurde schnell gebaut, aber genau genommen war es schon im Moment seiner Fertigstellung gleichzeitig ein Versprechen und eine Ruine: Das atmende, pumpende Innere – der Ballon – wurde entfernt, danach wurde die Hülle, der Panzer, aufgehackt und perforiert, so wie Möwen einen verlassenen Krebspanzer aufhacken.

1972 trifft Antonioni die Kunststudentin Enrica Fico, wenig später trifft Vitti den Regisseur Roberto Russo, den sie später heiratet. Als Antonioni und Vitti sich trennten, erzählt Pola, habe sie sich ein normales Haus unterhalb der »Piccola Cupola« gekauft. Es muss ein seltsamer Anblick gewesen sein für Antonioni: seine Exfrau in einer kleinen Kugel, seine große Liebe in einer Hütte darunter. Er blieb mit Enrica, mit einigen Unterbrechungen, bis zu seinem Tod zusammen; ihre Sommer verbrachten sie in einem klassischen Landhaus in Umbrien.

Einmal noch arbeiteten Monica Vitti und Antonioni zusammen, als sie Ende der siebziger Jahre die Hauptrolle in seinem Fernsehfilm *Il mistero di Oberwald* spielte. Michelangelo Antonioni starb 2007. Monica Vitti lebt, schwer erkrankt und abgeschirmt von der Öffentlichkeit, in Rom. Das Haus verfiel.

Als ich es zum ersten Mal sah, kannte es fast niemand, es tauchte in keiner Architekturgeschichte auf, es war von der Welt vergessen worden. Erst als Bilder der Cupola 2014 auf der Architekturbiennale von Venedig gezeigt wurden, setzte sich das italienische Kulturministerium gegen einen Abriss ein, der Bau wurde unter Denkmalschutz gestellt.

Roland Barthes hielt einmal, im Jahr 1980, eine Rede auf Antonioni, dessen »Sorge um die Epoche nicht die eines Historikers, eines Politikers oder eines Moralisten« sei, sondern eher »die eines Utopisten, der an bestimmten Punkten die neue Welt zu erkennen sucht, weil er Lust hat auf diese Welt und schon an ihr teilhaben möchte. Die Aufmerksamkeit des Künstlers, die die Ihre ist, ist eine verliebte Aufmerksamkeit, eine Aufmerksamkeit des Verlangens«, und vieles spricht dafür, das Haus als eine solche Architektur des Verlangens, der Erwartung zu lesen.

Es sieht gleichzeitig aus wie etwas sehr Altes – ein Wrack mit zersplitterten Steinen – und wie ein Zukunftsbild, in dem alle Ordnungen von innen und außen, Natur und Haus sich auflösen und Figuren aus der Vergangenheit und der Zukunft gleichzeitig an einem Ort auftauchen können. Barthes spricht in seiner Rede über »das seltsame Phänomen des Vibrierens«. Der Schriftsteller J. G. Ballard hat das 1971, als die Kugel noch im Bau war, auf die handfestere Formel gebracht, dass die Zukunft der bessere Schlüssel zur Gegenwart sei als die Vergangenheit.

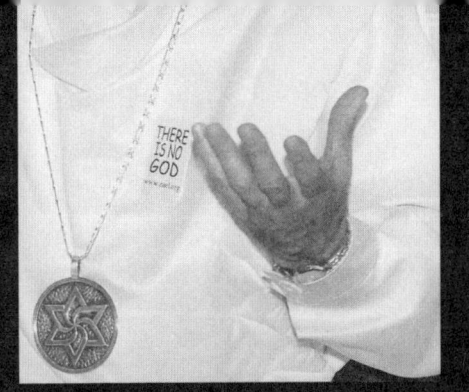

# BEI DEN RAELIANERN

**W**enn etwas schiefgeht, sagte Marina Boisselier, können wir es ja immer noch abtreiben.

Dann lächelte sie, und die schönen Frauen neben ihr legten die Köpfe wie auf Kommando schräg und lächelten auch. In der alten Scheune nebenan summten die Fliegen, der Staub von der Landstraße wehte über die vertrockneten Felder, unten am See arbeitete ein Bagger. Es war heiß, eine der Frauen hatte Sommersprossen und einen Sonnenbrand, und wenn sie lachte, bildete sich eine reizende senkrechte Falte auf ihrer Nase. Die andere trug ein kurzes Kleid und ein Headset mit Mikrophon über ihrer Kurzhaarfrisur. Sie sah aus wie ein Tennisstar, der jemanden vom Sicherheitsdienst überrumpelt hatte, oder umgekehrt.

In einer dunklen Halle hinter dem See wartete der Mann auf uns, an den Marina glaubte. Über diesen Mann, der sich Rael nennt, diskutierten am 7. August 2001 in Washington die wichtigsten Gentechnik-Experten der Welt auf Einladung der National Academy of Science, es ging darum, ihn davon abzubringen, was er vorhatte. Er hatte vor, in seinen Labors den ersten Menschen zu klonen.

Von Montreal fährt man eine Stunde nach Osten, durch eine Gegend, in der die Orte Asbestos oder Magog heißen, vorbei an einer Stadt, die im späten 18. Jahrhundert von drei Brüdern gegründet wurde, die sie Frost Village nannten.

Wir waren am Morgen losgefahren, vorbei an den Ruinen der modernen Welt, den Gebäuden der Weltausstellung von 1967, am leeren Gerüst von Buckminster Fullers Biosphere-Kugel, deren Plexiglasscheiben bei einem Brand geschmolzen sind, jetzt steht unten am Fluss nur doch das Gerippe, eine Ruine der letzten Dekade der Moderne, die noch an die Zukunft glaubte.

Wir fuhren an Feldern vorbei und rot gestrichenen Schuppen, Mähdrescher schleuderten Dreck aus den Stollenreifen, die Fotografin döste im Fond des Wagens, und Christian, der Biologe ist und im Gegensatz zu mir etwas davon verstand, was Rael Vorilhon vorhatte, erklärte, was im Sommercamp der Raelianer passierte, das eben nicht nur ein Sommercamp sei; dass die sogenannten Raelianer, Leute, die man lange einfach nur für eine verrückte Ufo-Sekte gehalten hatte, das wissenschaftliche Ziel verfolgten, als erste einen Menschen zu klonen, und dass die Chancen dafür gar nicht einmal so schlecht stünden, eben weil alle dort erstens wahnsinnig seien und es zweitens geschafft hätten, eine tatsächlich ernstzunehmende Gentechnikerin für sich zu gewinnen, und ihr ein Labor gebaut hätten, in ihrem Camp.

Hinter der Ortschaft Granby wurden die Straßen schmaler und kurviger. Wir fuhren über eine Brücke; der Fluss, der durch die Wiesen floss, hieß Noire, die Schwarze. Wir kamen an ein blaues Schild mit der Aufschrift »Ufoland«. Hier endete die geteerte Straße und ging in eine trockene Lehmpiste über. Der Wagen schaukelte durch Furchen und Schlaglöcher und zog eine lange Staubwolke hinter sich her. Nach sieben Kilometern sahen wir eine graue, geschwungene Betonwand, die entfernt an ein Ufo erinnerte. Wir stellten den Wagen auf einen großen Stellplatz zwischen teuren Limousinen und SUVs.

Zwei Frauen mit kurzen Röcken und Headsets kamen auf

uns zu. Wenn wir wollten, könnten wir Rael sehen, jetzt gleich, bitte hier entlang: Gang in eine Industriehalle, in deren Zentrum sich ein haushoher schwarzer Raum befand, in dem ein Ufo stand, wie man es aus billigen Fünfziger-Jahre-Filmen kennt, eine silbrige, fliegende Untertasse, die an einen modernen Briefbeschwerer erinnert, aus der sich eine zugbrückenartige Gangway herausfaltet. Durchmesser sieben Meter, Nachbau eines Flugapparates, den Rael 1973 gesehen haben will. Neben dem Gebilde dreht sich im Monumentalformat von ebenfalls sieben Metern die Doppelhelix eines gekappten Grippevirus, des ersten vollständig entzifferten Genoms aus einem lebenden Organismus. Die Basen leuchten blau, rot, grün und gelb im Scheinwerferlicht. Fehlten noch die grünen Männchen.

Es kamen aber keine grünen Männchen, sondern ein drahtiger Mann in weißem Unterhemd und weißen Hosen, der eine Art Eigenhaar-Antenne auf dem Kopf trug, als wolle er damit Botschaften aus dem All empfangen. Der Antennen-Mann war Rael, Anführer der Sekte der Raelianer, die etwa zwanzigtausend Mitglieder weltweit zählt und deren Überzeugung es ist, dass es Außerirdische gibt, die Elohim heißen und ihrem Guru Rael in einer Nacht auf einem französischen Vulkan erklärt haben, dass es auf der Welt zu viele Kriege gebe und die Leute zu schlechten Sex hätten und dass, wenn sich beides nicht ändere, sie zurückkommen und die Erde plattmachen werden, weswegen die Sektenmitglieder am Weltfrieden und an ihrer sexuellen Enthemmung arbeiten.

Rael, dessen Gesicht verwirrend anzusehen war, weil er zwei Bärte trug, die sich eigentlich ausschließen, einen gemütlichen Kapitäns-Umhängebart und ein scharf geschnittenes Menjou-Schnurrbärtchen, empfing uns in einem Raum hinter einer schweren Tür, an der »Ne jamais sonner ici« stand. Alles in allem erinnerte sein Büro an das Jugendzimmer eines BWL-

Studenten aus den späten achtziger Jahren: In dem länglichen Raum standen ein paar Computer, eine Yucca-Palme und ein paar Fitnessgeräte, an den Wänden hingen Nacktaufnahmen seiner Freundin, eines blassen jungen Mädchens mit blutleeren Lippen und sehr langen, rotblonden Haaren, in einem Regal befanden sich ein paar Bücher und sechs Ferrari-Spielzeugautos. Rael war einmal Rennfahrer gewesen, und er fuhr immer noch Autorennen, mit einem Porsche 911 wurde er auf dem Limerock Racetrack, einer Rennstrecke in Connecticut, die 1957 von den Cornell Aeronautical Labs entwickelt wurde, einmal Vierter, gleich hinter Paul Newman.

Damals lautete Raels offizieller Name noch Claude Vorilhon, er war 1946 in Vichy geboren worden, und bis 1973 führte er das Leben eines relativ normalen Mannes, der gern Auto fuhr und gut singen konnte: Als er siebenundzwanzig war, hatte er ein paar Rennen gewonnen, eine Schallplatte mit dem erotisch gemeinten Titel »Le miel et la canelle« aufgenommen, eine Fachzeitschrift mit dem Titel *Auto Pop* gegründet und zwei Kinder gezeugt. Dann passierte es. Rael wurde verrückt. Sagen die Leute in Montreal. »Die Begegnung« nennt Rael das Ereignis. Es fand statt am 13. Dezember 1973, einem kalten, nebligen Wintertag, bei Clermont-Ferrand, vor dem Puy de Lassolas. Er sei mit seinem Wagen unterwegs gewesen, da sei eine fliegende Untertasse gelandet, und ein Außerirdischer sei ihr entstiegen, schreibt Rael in seinem Buch *Das wirkliche Gesicht Gottes*. Er habe das Wesen gefragt, ob es ein Außerirdischer sei, und es habe »Ja« gesagt und mit näselnder Stimme verkündet, es komme von weit her und die Menschen, die Pflanzen und die Tiere seien nicht von Gott, sondern von Außerirdischen im Labor erschaffen worden und ob er, Herr Vorilhon, jetzt mal bitte in sein Raumschiff einsteigen möge. Rael erfuhr, dass die Aliens den uns unvorstellbar weit vorangeeilten Elohim entstammten, einem extraterrestrischen Volk, das die Menschen vor langer Zeit genetisch mit DNA erzeugt und seitdem immer wieder Propheten zu ihnen entsandt habe, die Buddha, Mohammed oder auch Jesus Christus hießen. Die Geschichte klingt ein wenig so, als ob Rael vielleicht, was bei Popstars ja vorkommt, ein wenig getrunken hätte und das Ufo in Wirklichkeit ein Polizeiauto mit angeschaltetem Blaulicht und die Außerirdischen mit ihren strengen Kommentaren zum falschen Leben auf diesem Planeten vielleicht Gendarmen waren, wie man aus Louis-de-Funès-Filmen weiß, sehen französische Polizisten immer ein wenig außerirdisch aus – Vorilhon aber ist nach wie vor überzeugt, dass er damals keine Verkehrskontrolle, sondern richtige Elohim gesehen hat, und wurde Guru und nannte sich Rael und gründete seine Sekte, wobei man nicht weiß, ob alle Mitglieder sich so brennend für die Ufo-Story interessieren oder nicht doch eher für die Forderung der Elohim, dass alle zusammen bitte sofort an ihren sexuellen Fähigkeiten arbeiten müssen. Rael jedenfalls verbrachte seine Zeit seitdem mit Vorträgen und Missionsreisen und Raelianerinnen, denen er ein Amulett umhängte, das einen Davidstern und ein Hakenkreuz ineinanderblendet, ein uraltes Sonnensymbol, wie Rael ärgerlich anfügte, um die Frage mit den Nazis gleich im Keim zu ersticken. Anfang der neunziger Jahre kauften die Raelianer schließlich Land und eine alte Farm im kanadischen Bundesstaat Quebec, hier bauten sie die Anlage, die einmal zur Botschaft der Elohim auf Erden werden soll, sie hatten sogar einen Antrag auf Steuerbefreiung gestellt, weil Außerirdische, solange sie ihren Hauptwohnsitz im All und nicht in Kanada haben, ja keine Steuern zahlen müssen, aber das wurde leider abgelehnt. Langsam wurde die Farm zu einem Museum für die Geschichte der Raelianer umgebaut, das Herzstück ist ein Nachbau des Ufos, das Rael bei Clermont-Ferrand erschienen war und das eindeutig nicht wie ein französisches Polizeiauto aussieht, es sei denn, die Polizei fuhr eine hydropneumatische Citroën DS. In diesen Hallen wollte Rael aber auch den großen Schritt Richtung Unsterblichkeit versuchen. »Meine Mission«, sagt er, »besteht darin, unsere Spiritualität der technologischen Revolution anzupassen.«

Und das soll Marina Boisseliers Mutter Brigitte tun. Brigitte Boisselier, 1956 in Frankreich geboren, sieht aus, als könnte sie auch einen Rennbootverleih in Monte Carlo betreiben. Sie arbeitete für den französischen Gaskonzern Air Liquide, bis der sie wegen ihrer Mitgliedschaft bei den Raelianern und ihrer Klonfirma Clonaid vor die Tür setzte. Sie unterrichtete am Hamilton College Chemie, bevor man auch dort von der Sache mit den Raelianern erfuhr – und widmete sich seitdem ganz dem Klonen von Embryos.

Wir trafen sie in der apricotfarben angemalten Cafeteria des Ufoland-Hauptgebäudes, während sich weiter hinten ein paar Leute durch ein Waldstück in Richtung des Camps verzogen, vermutlich, um die Elohim durch ihren Einsatz zu beeindrucken. Als sie zum ersten Mal die Nachricht vom Klonschaf Dolly hörte, erzählt Boisselier, war sie begeistert: »Die meisten Menschen hatten Angst, aber ich freute mich sehr und sah all die Chancen, die sich mit einem Mal auftaten.« Die 1997 gegründete Firma Clonaid hatte eine große Zielgruppe potentieller Kunden ausgemacht: unfruchtbare Paare, Eltern, die ein Kind verloren haben, Homosexuelle, Alleinstehende. Im August 2000 zahlte Mark Hunt, ein Politiker aus West Virginia, Boisselier 500 000 Dollar und half ihr, ein Labor zu finden, um seinen Sohn zu klonen, der als Kind gestorben war. »Jeder soll selbst entscheiden, wie er sich fortpflanzen will, ob er seine Gene mit anderen mischen will oder nicht. So sehe ich das«, sagte Brigitte Boisselier. Dutzende von Anfragen lägen Clonaid bereits vor.

Ihre Antworten kamen schnell, in einer klaren Sprache und

mit einem leichten britischen Akzent, was ungewöhnlich ist für eine Französin, die die meiste Zeit in Nordamerika lebt. Sie wollte ernst genommen werden, hielt aber gleichzeitig gentechnische Eingriffe von Außerirdischen für die »vernünftigste Erklärung des Lebens auf der Erde«.

Europäische Medien hatten die Sekte und ihre technologischen Revolutionsspiele aus nachvollziehbaren Gründen ignoriert – zumal der Plan, im Ufo-Museum-Sommercamp ein esoterisches Bio-Disneyland aufzubauen, in dem man echte Menschen klont, eher wie ein gigantischer Witz klang. Aber in den Vereinigten Staaten wurde die Sekte, die nach eigenen Angaben eine Unterfirma namens Clonaid und ein paar Labors eröffnet hatte, aus guten Gründen ernst genommen. Ende März 2001 wurden die Raelianer vor einen Ausschuss des Kongresses geladen, die National Academy of Science lud sie ein, um ihnen ins Gewissen zu reden, die Food and Drug Administration der Vereinigten Staaten untersuchte ein Labor von Clonaid in Syracuse bei New York und erzwang eine Erklärung, dass die Raelianer in den Vereinigten Staaten keinen Klonversuch unternehmen würden, der Justizausschuss des Repräsentantenhauses beschloss im gleichen Jahr den Gesetzentwurf gegen das Klonen. Keine dieser Institutionen hätte sich die Mühe gegeben, sich mit einer Ufo-Sekte herumzuschlagen, wenn deren Ankündigungen nicht zumindest im Bereich des Möglichen gelegen hätten. »Sie haben das ganze Vokabular drauf«, sagte James Greenwood, der Vorsitzende des Kongressausschusses, nach der Anhörung im März. »Und sie sammeln Geld ein. Ich habe keine Mittel, ihre Glaubwürdigkeit zu überprüfen, aber ich weiß, dass ein Klonversuch nicht so schwierig ist.«

Rael, in seinem Ufo-Schrein zwischen roten Ferrari-Modellen vor einer Yucca-Palme sitzend, redet über die Wunder der Biowissenschaften, als habe er soeben im Silicon Valley ein Biotech-Start-up gegründet – die gleiche Mischung aus evangelikalem Ton, Erlösungsrhetorik und echtem Tech-Glauben: Auch für das ewige Leben soll nicht mehr die Religion, sondern die Biowissenschaft zuständig sein. Als Biotech-Buddhisten erhoffen sich die Raelianer vom Klonen eine wissenschaftlich abgesicherte Reinkarnation. Irgendwann, sagte Rael mit flackerndem Blick und schlug die Beine schwungvoll übereinander, werde man die eigene Persönlichkeit, Identität, Erinnerung aus seinem alternden Körper in einen jungen downloaden können, die Zeit überlisten und so für ewig leben.

Solche Träume kennt man aus den Mythen der Popkultur, zahllose Filme handeln davon, ob *Zurück in die Zukunft* oder die *Rocky Horror Picture Show* – interessant ist nur, dass bisher die Kunst auf die Wissenschaft reagierte und deren Versuche ins Surreale weiterspann, während bei der Biotech-Sekte der Raelianer der Prozess anders herum läuft: Die literarischen Popträume von Ufos und ewigem Leben im All sollen jetzt von hochbegabten Biochemikern in die Realität transportiert werden.

Die New Science der Raelianer, ihre Idee, ein Baby zu klonen und sich selbst irgendwann downloaden zu können, wäre ohne die Science-Fiction der sechziger Jahre nicht denkbar. »Ufoland« sieht aus, als habe man alle Visionen der Science-Fiction-Literatur zusammengerührt: fliegende Untertassen, Sexroboter, künstliche Menschen. Mit dem kleinen Unterschied, dass theoretisch bald tatsächlich künstliche Menschen herumlaufen könnten, ausgeschlossen ist das nicht, das Klonen von Menschen könnte das größte ethische Problem des 21. Jahrhunderts werden und nicht nur die Individualität, sondern auch die Sexualität, Familie und Reproduktionsweisen verändern, sagte Christian, als wir in Montreal losfuhren, und die Fotografin schaute, als ob sie frieren würde.

Nichts würde Rael mehr behagen, als das Resultat eines geglückten Versuchs aus seinem Labor in der Talkshow von Larry King vor die Fernsehkamera zu halten: der Prophet als Wissenschaftler als Popstar. Rael war davon überzeugt, dass ein solch unwiderstehlich gurgelnder und glucksender Klon jede Kritik im Keim ersticken würde.

Was aber, wenn das Kind behindert wird?

— Wir sind für Abtreibung. Ein mongoloider Klon kommt nicht in Frage. Ausgetragen wird nur, was den Eltern auch gefällt.

Mit Moral darf man Rael nicht kommen, über ethische Bedenken kann ein fortschrittlicher Guru wie er nur lächeln, Ethik ist für ihn die Summe unserer antiquierten Vorurteile, ein Tummelplatz für primitive Religionen und primitive Menschen, die sich Bioethiker nennen, seine Ufo-Farm sollte einmal das Zentrum, der Regierungssitz, der gebaute Ursprung einer Welt ohne humanistische Moral und Ethik werden.

— Wir sind gegen jede Form von Ethik, und alles, was der Papst falsch findet, finden wir gut.

Wir gingen zurück zur Eingangshalle des »Ufolands«, in der für vorbeikommende Touristen und Neugierige rosafarbene Plastik-Außerirdische verkauft werden. Auf der Terrasse hinter der Halle stand ein Plastikbaldachin. Darunter wartete Marina Bosselier, eine schöne junge Frau, die, wenn sie wollte, einen Mann finden und schwanger werden könnte, aber darum ging es ihr nicht, sie brauchte keinen Mann, nicht mal einen Samenspender, um ein Kind zu bekommen, und das Kind, das sie bekommen wollte, kam, genau genommen, schon einmal zur Welt.

Marina, 1977 geboren in Versailles, Kunststudentin, Mitglied der Raelianer-Sekte, sollte als erste Frau der Welt einen geklonten Menschen gebären. Sie tat das, sagte sie lächelnd, weil sie anderen Menschen eine Freude machen wolle, weil Rael es will, weil sie ein Kind bekommen, es aber nicht aufziehen möchte –

und weil ihre Mutter, die Chemikerin Brigitte Boisselier, Bischö-
fin der Raelianer und zugleich Chefwissenschaftlerin der Firma
Clonaid ist.

— Es ist ein geklontes Kind, das ich bekommen werde. Ein
Kind, das im Alter von zehn Monaten gestorben ist. Meine
Mutter und ich werden es seinen Eltern zurückgeben.

Ob es ihr nicht unheimlich sei, ein fremdes Kind auszutragen?
Was passiert, wenn genetische Defekte auftreten?

— Das hat meine Mutter bestens unter Kontrolle. Dieses Kind
wird viel genauer überwacht als jedes andere zuvor. Da müssen sich schon eher Leute Sorgen machen, die auf natürliche
Weise Nachwuchs zeugen. Wir glauben nicht an die Unver-
änderlichkeit des Schicksals; wir machen den Tod rückgän-
gig. Wir werden bald wissen, wie man unsterblich wird.

Und wenn doch etwas passiere, dann treibe man eben ab.

Dazu lächelte sie so sonnig, als sei es die natürlichste Sache
der Welt, den Tod auszuschalten und ein Kind zu klonen, und
ich mochte sie ein bisschen für diesen Unwillen, irgendetwas
Gegebenes zu akzeptieren. Streng wissenschaftlich betrachtet,
hatte sie nicht unrecht. Lebewesen, deren Erbgut mit dem ihres
Erzeugers identisch ist, gehören seit Millionen von Jahren zum
Repertoire der Evolution. Viele Bakterien, Pflanzen und Pilze,
auch einige Insektenarten vermehren sich ungeschlechtlich,
besonders dann, wenn ausreichend Nahrung und Lebensraum
vorhanden sind. Der Ableger einer Pflanze ist nichts anderes
ist als ein Klon. Bei Säugetieren wie dem Menschen kommt Klonen von Natur aus nicht vor, sie werden zur Paarung gelockt,
weil dabei ständig neue Kombinationen des Erbguts entstehen,
was einen vielfältigen, aber stabilen Genpool garantiert, also
Robustheit und Entwicklungsfähigkeit zugleich, hatte Christian
gesagt – und dass andererseits aus biologischer Sicht (er schaute
hinreißend feierlich in diesem Moment, als habe man ihm die

offizielle Vertretung der biologischen Sicht anvertraut) prin-
zipiell nichts gegen das Klonen von Menschen spreche. »Aber«,
sagte ich. »Nimm Dolly«, sagte Christian.

Seit der Geburt des Schafs Dolly am 5. Juli 1996 hatte die
Kunst des Biokopierens große Fortschritte gemacht. Dolly entstand aus der Fusion der Milchdrüsenzelle eines sechs Jahre alten Schafs mit einer entkernten Eizelle. Zweihundertsiebenund-
siebzig Versuche waren nötig, um ein lebensfähiges Klonschaf
zu erzeugen. In zweihundertsechsundsiebzig Fällen wuchsen
die frühen Embryonen nicht, gingen als Fehlgeburten ab oder
starben an Missbildungen und Riesenwuchs. Was die Wissenschaftler nur angespornt hat weiterzuforschen. Inzwischen gibt
es geklonte Mäuse, Kühe, Ziegen und Schweine. Es wird daran
gearbeitet, die Zahl der Versuche pro Klondurchgang zu ver-
ringern.

Als Rael die Idee hatte, das erste Klonbaby herzustellen,
waren schon Menschen geklont worden – allerdings war dabei
kein Kind entstanden: Die Embryonen, die bei Versuchen zum
therapeutischen Klonen wuchsen, wurden nicht in eine Gebärmutter eingesetzt, sondern zur Gewebezucht für Schwerkranke
verwendet. 1998 in den Labors der Firma Advanced Cell Technology in Worcester, Massachusetts, und 1999 von einem Team
an der Kyung-Hee-Universität wurde das therapeutische Klonen praktiziert. Mit den Fortschritten beim therapeutischen
Klonen wuchs auch das Wissen über Klonen zur Fortpflan-
zung. Die nötigen Kenntnisse wurden überall an Universitäten
gelehrt. Ein entsprechendes Labor war vergleichsweise billig
zusammenzustellen, leicht zu verstecken und leicht zu trans-
portieren. Siebenhundertfünfzig Fruchtbarkeitszentren gab es
allein 2001 in den Vereinigten Staaten, Firmen wie ACT oder
der Embryo-Konzern Geron hätten, wenn sie wollten oder
dürften, sofort Material liefern können.

Hätten – außer Rael wollte es aber fast keiner. Das Klonen von ganzen Menschen ist eine der wenigen Möglichkeiten der modernen Wissenschaft, die fast niemand wahr werden lassen möchte. Ian Wilmut, der mit dem Klonschaf Dolly bekannt wurde, und der Pionier der Genmanipulation, Rudolf Jaenisch, veröffentlichten einen Aufruf mit dem Titel »Don't Clone Humans«, sie trügen, erklärten sie, »eine schwere Verantwortung und haben den Aufruf geschrieben, weil diese Entwicklung gestoppt werden muß«. Ein Großteil der fachkundigen Wissenschaftler lehnt das Klonen allerdings nur deswegen ab, weil es beim momentanen Stand der Technik noch zu viele Missbildungen geben würde.

In China wurde im März 2016 bekannt, dass an der Guangzhou Medical University menschliche Embryos genetisch manipuliert wurden, vier von sechsundzwanzig »erfolgreich«, während andere unerwartete Mutationen zeigten; alle wurden drei Tage später vernichtet. Aber was heißt erfolgreich? »Wer würde sich um diese Kinder kümmern, um diese genetisch fehlgeleiteten Menschen, die vielleicht anfangs normal erscheinen, sich dann aber mit fünf Jahren als geistesgestört erweisen«, fragte Aleksey Terskikh, Genforscher an der Stanford University, schon vor über einem Jahrzehnt.

Währenddessen wird in der nordchinesischen Hafenstadt Tianjin die größte Klonfabrik Chinas gebaut; man will dort genetisch optimierte Polizeihunde, Rennpferde und leistungsfähigere Kühe herstellen; ab 2020 sollen dort jedes Jahr eine Million extrem milchhaltige Kühe produziert werden.

Doch was, wenn ein gesundes Klonkind zur Welt käme? Dass Dolly überhaupt möglich war, erschien selbst Forschern wie Rudolf Jaenisch kurz vor dem Gelingen noch undenkbar. Wissen und Ausrüstung zum Klonen von Menschen sind in der Welt. Gregory Stock, notorisch fortschrittsgläubiger Direktor des »Program on Medicine, Technology and Society« an der University of California in Los Angeles, meinte schon 2001, die Raelianer seien wissenschaftlich in der Lage, einen ernsthaften Versuch, des Menschenklonens zu unternehmen, und niemand konnte ausschließen, dass die Raelianer materiell dazu in der Lage waren, einen Menschen zu klonen.

Brigitte Boisellier beschrieb ausführlich die zwei Labors, die Clonaid angeblich betrieb, eines in Syracuse und ein zweites an einem geheimen Ort, der nach ihren Angaben auch in den Vereinigten Staaten liegt, nach Raels Aussage dagegen außerhalb: fünf Wissenschaftler seien eingestellt, zwei Genetiker, zwei Experten für künstliche Befruchtungen und ein Techniker. Die notwendige technische Ausrüstung sei bereits vorhanden, von leistungsstarken Mikroskopen bis hin zum kompletten molekularbiologischen Set für Gendiagnostik. »Die Politik fällt derzeit auf die Aussage von Wissenschaftlern wie Jaenisch herein, die behaupten, Klonen sei gleichbedeutend mit Defekten«, sagte Boisellier und machte ein ärgerliches Gesicht: Die hohe Zahl von Missbildungen bei Versuchen mit Schafen und Kühen komme daher, dass die Embryonen keinem genetischen Screening und somit keiner Auswahl vor der Einpflanzung in den Mutterleib unterzogen worden seien. Beim Menschen sei solch ein Versäumnis natürlich undenkbar. Alle Verfahren, die es zu Qualitätssicherung, Auswahl und vorgeburtlicher Untersuchung bei Embryonen gebe, würden zum Einsatz kommen. Auch den Einwand, die sogenannte Methylierung von Genen (die Erteilung von chemischen Befehlen zum An- und Ausschalten des Erbguts) berge ungeahnte Risiken, ließ sie nicht gelten:

— Wir entwickeln gerade Methoden, um diese Methylierung bei dreißig von zweihundert wichtigen Genen zu überprüfen. Das sollte reichen. Stellen Sie sich vor, es käme ein deformiertes Baby heraus – was für ein Rückschlag das für das Klonen wäre. Nach den Eltern bin ich am meisten daran interessiert, dass es ein gesundes Kind wird, mehr noch als alle Politiker.

Sie sagte jetzt nichts mehr und blinzelte in die Sonne. Kann ein scheinbar normaler Embryo genetische und genregulatorische Störungen haben, die mit den derzeitigen Techniken einfach nicht zu erkennen sind? Davon wollte man bei den Raelianern nichts hören. Marina Boisselier sollte die erste sein, die einen Schritt tut, nachdem nichts mehr sein würde, wie es war. Sie und fünfzig Mitstreiterinnen sollen angeblich ihre Gebärmutter für ein dupliziertes Lebewesen zur Verfügung gestellt haben.

Frage an Rael: Ob er irgendwelche Grundsätze habe?

— Nein. Doch, ja: Niemand soll leiden. Und: keine Gewalt.

Und Gewalt gegen Embryos?

— Gibt es nicht. Ein Embryo wird erst Mensch, wenn er auf die Welt kommt. Vorher nicht.

Michel Houellebecq hatte geschrieben, das Spektakulärste an der Gentechnik sei die Aussicht, lebende Sexpuppen herstellen zu können.

— Wenn wir das können, werden wir es auch machen: eine Sexpuppe, die nicht aus Gummi, sondern aus Haut ist – wie ein Mensch, nur ohne Willen und Schmerzempfinden, ohne Persönlichkeit.

Und wie Rael das sagte, wirkte er endgültig wie die dunkle Figur aus einem alten James-Bond-Film.

Was wissenschaftlicher Wahnsinn und was surreale, aber harmlose Phantasien waren, war in Raels »Ufoland«-Halle nicht auszumachen. Alles lief hier zusammen: Die Spekulationen moderner Techniker über das, was die Weiten des Universums alles verbergen, trafen auf den Drang der Biotechniker ins Innerste des Menschen; die Anstrengungen der Wissenschaft vereinten sich mit den großen Träumen der Popkultur, Weltraumlust, freier Liebe und absoluter Gewalt über das eigene Leben.

Man wusste nicht, ob man im »Ufoland« lachen oder sich gruseln sollte. Einerseits war das hier eine Sex-Sekte, andererseits würde mit dem geklonten, genmanipulierten Lebewesen die Demarkationslinie zwischen Authentischem und Künstlichem endgültig zerfallen. Würde sich ein Klon als Individuum empfinden, oder würde er zerbrechen an den Projektionen und Erwartungen seiner Erzeuger? Rael weiß, dass ein Klon keine Charakterkopie wäre, aber nicht nur für ihn wäre das Klonen ein neues Mittel menschlicher Freiheit, gelungene Genkombinationen zu vervielfältigen und eines Tages auch ganze Innenwelten übertragen zu lassen; auch der Astrophysiker Stephen Hawking erklärte, er »sehe keinen wesentlichen Unterschied zwischen Klonen und der altehrwürdigen Art und Weise, Brüder und Schwestern zu zeugen«.

Boisselier tauchte wieder auf, sie hatte sich umgezogen, sie trug jetzt etwas Priesterinnenhaftes, sie sah jetzt weniger nach Chemikerin und noch weniger nach Motorbootverleih in Monte Carlo aus. Streng fuhr sie fort:

— Es macht keinen Sinn, noch über das Ob des Klonens zu diskutieren. Bald wird der erste Mensch geklont. Was sollen wir mit ihm tun? Wie sollen wir die Zahl der Klone pro Person kontrollieren? Was sollen wir tun, wenn jemand das Haar einer anderen Person nimmt und daraus einen Menschen klont? Das sind die eigentlichen Fragen. Die Frage, ob man klonen soll oder nicht, ist längst überholt. Wenn wir es nicht tun, werden es andere machen.

Wir verabschiedeten uns. Marina Boisselier winkte und lächelte und drehte sich um und winkte noch mal, vielleicht war ihr der Klon schon eingepflanzt worden, vielleicht aber auch nicht; sie tänzelte Richtung Ufo-Halle, und ich überlegte kurz, ob wir sie besser entführen sollten. Wir parkten unseren Wagen aus und fuhren an den parkenden Luxuslimousinen zur Schotterpiste vor. Die meisten Wagen vor dem »Ufoland« kamen aus der Gegend von Montreal. »Quebec – je me souviens«, stand auf den Nummernschildern, der Wahlspruch der kanadischen Provinz. *Je me souviens*, ich erinnere mich. Vielleicht werden irgendwann hier einmal ein paar sehr schöne, sehr intelligente zweibeinige Biomaschinen herumlaufen, die lange über den Sinn dieses Satzes rätseln werden.

---

Am 26.12.2002 soll eine junge Frau, so behauptet es Brigitte Boisselier, ein geklontes Mädchen ausgetragen haben, das Eva getauft wurde. Die Eltern hätten aber leider die Untersuchung des Kindes durch Wissenschaftler verweigert. Niemand hat Eva je gesehen, vielleicht gibt es sie nicht. Gleichzeitig halten sich Gerüchte, dass das erste Gentech-Baby auf der Welt sei, abgeschirmt von der Öffentlichkeit – wegen Fehlbildungen, weil es sich unberechenbar verhält.

Das unsichtbare Klonbaby wurde so zu einer weiteren Schreckensfigur im Jahrzehnt der Unsichtbarkeit, das 2001 begann – in dem Jahr, in dem mit dem Anschlag auf die Türme des World Trade Center ein Albdruck ständig gegenwärtiger, aber unsichtbarer Gefahr auftrat. Die Angst vor der Allgegenwart von etwas Unsichtbarem und Zerstörerischem fand eine Parallele in den Finanzmärkten, an denen sich scheinbar sichere materielle Werte als Fiktionen entpuppten, und im Kampf gegen den TTIP-Vertrag, der als Einfalltor für genetisch manipulierte Produkte und damit für eine nicht mehr aufzuhaltende Kette von Mutationen kritisiert wurde. Schließlich beendete in Fukushima die unsichtbar wirkende Strahlung den Glauben ans Atom.

In dieser Zeit durchgehend bedrohlicher unsichtbarer Phänomene wurde der Apple-Konzern mit dem Versprechen positiver Dematerialisierung zum teuersten Konzern der Welt: Das iPhone ersetzte Plattenschrank, Plattenspieler, Landkarte, Navigationssystem, Telefonbuch, Kalender, Telefon, Kamera – Gegenstände mit einem Gesamtgewicht von mehreren hundert Kilogramm verschwanden aus dem Alltagsleben. Mit der iCloud lieferte die Firma das Signet zur Entmaterialisierung des Wahrnehmbaren: Das virtuelle Machtzentrum, in dem Informationen extern gespeichert werden, wurde »Wolke« genannt, ein Akt religiöser Aufladung, der den technischen Vorgang in diesem Zeitalter der Unsichtbarkeit wie eine Naturgewalt erscheinen ließ.

Nach der Verkündigung, das Klonbaby ausgetragen zu haben, verlegten sich die Raelianer auf das Thema Außerirdische. 2014 erbaten sie von der kanadischen Regierung ein Grundstück, um den Elohim eine Botschaft zu bauen. Daniel Turcotte, Sprecher der Raelianer, erklärte in einer Pressemitteilung:

— Kanada wird auf lange Sicht damit zig Milliarden Dollar verdienen. Außerdem wird dem Gastland der Botschaft ein immenses Prestige als interplanetarischer Hub zuteilwerden. Auch werden die Einwohner dieses Landes als erste von der sehr fortschrittlichen Technologie der Elohim profitieren, vor allem von Biorobotik, Nanotechnologie und Energiequellen, die sich unsere Wissenschaftler zur Zeit noch gar nicht vorstellen können.

Die kanadische Regierung hat dem Gesuch bis heute nicht entsprochen.

ANTTI LOVAGS
KUGELHAUS

Unter den Architekten, die ich kennenlernte, war Antti Lovag der Einzige, der über dreißig Jahre in dem Modell des Hauses gewohnt hat, das er bauen wollte. Als er 1980 in das Modell zog, war das Haus, das er eigentlich baute, halbfertig. Er baute damals schon ein Jahrzehnt an diesem Haus, obwohl er kein Geld mehr und sein Auftraggeber das Projekt längst aufgegeben hatte. Als wir Lovag das erste Mal besuchten, wucherten die Pinien und das dichte Gebüsch des Hochplateaus über Teile des Kugelhauses, das einmal tausendzweihundert Quadratmeter groß werden sollte – wobei Quadratmeter das falsche Wort ist für eine Wohnsphäre aus Betonkugeln mit großen Bullaugen, in deren Mitte ein echter Bachlauf über Marmorstufen und durch einen künstlichen Dschungel ins Tal fließen sollte. Das Haus war zum Teil immer noch eine Baustelle, zum Teil schon wieder eine Ruine: Es war, als sei es in einen eigenartigen Zeitstrudel geraten, die Kräne der Vergangenheit rosteten, der vordere Teil mit den rohen Betonkugeln wirkte wie gerade eben fertiggestellt, während das Ende des Baus schon in der Zukunft steckte; es überwucherte und verfiel, und Efeu rankte über die abgeplatzte Farbe.

Dort, wo das Grundstück nicht zugewuchert ist, sieht man das Tal, und an klaren Tagen taucht am Horizont das Mittelmeer im Dunst auf. Lovag ist Anfang der siebziger Jahre auf diesen Felskarst gekommen; er hatte damals noch eine Wohnung unten in der Nähe des Mittelmeeres. Sie brachten Kräne und Betonmischer auf das Hochplateau, um zur Probe Stahlgerippe und Betonkugeln zu bauen. Es war wie eine Domwerkstatt, die sie hier errichtet hatten, sagte Antti Lovag, nur dass sie hier keine Kathedrale, sondern eine gigantische Hülle für eine neue Lebensform bauen wollten, ein Haus ohne eckige Wände, nur mit einem Dschungel und einem Pool und ein paar Bädern und vielen Schlafzimmern, ein Modell dafür, wie ein Leben nach dem Ende der bürgerlichen Gesellschaft aussehen könnte. Bis 1980 arbeiteten bis zu vierzig Leute gleichzeitig an der Kugelwelt. Danach wurde er, der berühmteste Kugelhausbauer der Côte d'Azur, der Erfinder der »Habitologie«, einer Wissenschaft, die die Architektur als Disziplin ersetzen sollte, vergessen; die Leute verschwanden, das Gras und die Palmen und die Büsche wucherten in die Prototypen und über die Baustelle: Lovag war arbeitslos, die frühen achtziger Jahre waren keine guten Jahre für jemanden, der ausschließlich Kugelhäuser baut. Er beschloss, in eines der hüttengroßen Modelle zu ziehen, die sie als Prototypen für das tausendzweihundert Quadratmeter große Haus gebaut hatten. Das Modell sieht nicht aus wie eine Hütte, eher wie der Fangarm eines Tintenfisches, ein Tintenfischding, das direkt aus der Zukunft auf diesen Berg bei Nizza heruntergekracht ist. Hier blieb er, bis er starb.

Als wir Lovag zum ersten Mal trafen, kannte ihn kaum mehr jemand, und die wenigen, die ihn kannten, sprachen seinen Namen nur ungern aus. Pierre Cardin hatte sich die von Lovag entworfene Villa Bulle gekauft, die wie eine Mousse au chocolat braun und kugelig an der alten Küstenstraße nach Théoule-sur-Mer steht. Als wir ihn trafen, fragten wir ihn, wer das Haus entworfen habe, und Cardin überlegte einen Moment lang und sagte, als ob ein Prozess komplizierter Abwägungen zu einem eindeutigen Resultat geführt hätte:

— Im Prinzip ich.

— Aber es muss doch einen Architekten geben, der das Ganze berechnet hat?

Cardin machte ein langes Gesicht. Er war jetzt genervt, er schaute wie jemand, der gezwungen wird, dieselbe Frage noch mal zu beantworten.

— Ja, gibt es, ein alter Mann, lebt hier in der Gegend. Aber im Prinzip habe ich …

Wir riefen Lovag an. Wir fuhren über die Autobahn, die nach Nizza führt, und bogen bei Sophia Antipolis in die Berge ab und auf die Serpentinen der schmalen Straße, die nach Tourrettes-sur-Loup führt. Es war noch warm, und das Dorf sah aus, als liege es seit Jahren so ereignislos in der spätsommerlichen Hitze; eine Frau zupfte rosa Blüten aus einem Blumenkasten vor dem Friseursalon »Jenif'Hair«, ein weißer Renault ratterte den Chemin de Caire bergaufwärts. Es roch nach warmen Piniennadeln und heißem Stein, und weiter unten verschwand die glitzernde Côte d'Azur im Dunst. Wir parkten den flachen schwarzen Wagen in einer Kurve und liefen die letzten zweihundert Meter, auf denen man nicht mehr fahren konnte, bergauf, durch einen dichten Korkeichenwald, in dem Betonfragmente lagen und riesige Stahlspinnen und ein umgefallener verrosteter Kran.

Antti Lovag hatte unseren Wagen gehört; er stand zwischen zwei Hunden in der kreisrunden Schleuse, die als Tür diente; die Hunde schlugen an, und das Gebell hallte gegen die Felsen und zerriss die Ruhe der einsetzenden Nacht. Lovag trug eine karierte Hose und ein kariertes Hemd. Er kratzte sich mit dem Kopf seiner Pfeife an seinem kahlrasierten Schädel, als müsse er energisch über etwas nachdenken. Dann winkte er uns stumm in sein Haus. Es bestand aus einem einzigen, ovalen

Raum, in dem ein Bett auf einer Betonblase schwebte. Es hatte keine geraden Wände und keine Fassade. Im Hauptraum schwang ein klappbarer Tisch vor die Sitzecke, im Eck stand ein Ofen. Auf dem Feuer stand eine schwere stählerne Bratpfanne, in der sich drei Koteletts im heißen Fett bogen. Es sah aus wie in einem Raumschiff, das von selbstdenkenden Einzellern durchs All manövriert wird. Es roch wie in einer uralten Köhlerhütte. Nirgendwo fielen das Superarchaische und das Supermoderne so seltsam zusammen wie in Lovags Kugel. Die, wie gesagt, eigentlich nichts anderes als ein begehbares Modell für das war, was seit 1968 nebenan auf der karstigen Anhöhe entstand und jetzt wie eine Darstellung des Lebens eines Bauwerks zwischen Palmen und Piniengestrüpp lag: Die aus Dutzenden von Beton-kugeln zusammengesetzte Wohnsphäre, das spektakulärste Bau-werk der Bubble-Futurismus-Ära, vorn noch im Bau, hinten schon wieder Ruine. Es war nicht mehr bewohnt, außer von ein paar Katzen, die auf den künstlichen Marmorklippen in der Sonne dösten oder in den Kissenbergen lagen, die man in die Nischen unter die Plexiglas-Kugelfenster geworfen hatte.

Lovag wurde 1920 in Ungarn geboren. Als er 1968 von Gau-det den Auftrag erhält, eine ganze Kugelhauswelt zu bauen, ist er schon achtundvierzig Jahre alt. Frage am Kamin, während draußen der Mistral die Pinienzapfen von den Bäumen reißt: Was tat er vorher? Wie kam er nach Frankreich? Es begann jetzt der Moment der großen Erzählung: Lovag streckte den Zeigefinger in die Luft, stopfte die Pfeife, schwang den mobilen Tisch zurück, entkorkte einhändig, die Flasche zwischen die Schenkel klemmend, eine Flasche Médoc und sagte:
— Also, das war so.
Lovag war, als Architekt, ein großer Erfinder, und als Mytho-mane war er es auch; was genau in seinem Leben zwischen 1920 und 1968 geschah, wird man nie mehr rekonstruieren können;

jeder, mit dem man über Lovag redet, ob mit dem Songwriter und Schriftsteller Alex Marashian oder mit Pierre Roche, einem pensionierten Professor für Bildhauerei, der Lovags Zeichnungen und Modelle archiviert und ihm eine Website eingerichtet hat (www.habiter-selon-lovag.com) – jeder, mit dem man redet, erzählt eine völlig andere Version dessen, was in Lovags Leben vor 1968 passierte.

Als wir ihn das erste Mal besuchten, erzählte Lovag, dass seine Mutter kurz nach seiner Geburt 1920 unter ungeklärten Umständen ums Leben kam, als er etwa sieben Monate alt war; vermutlich sei sie von ihrer antisemitisch eingestellten Familie umgebracht worden, die ein illegitimes Kind mit einem jüdischen Ingenieur nicht duldete. Sein Vater sei dann mit ihm in die Türkei geflohen, habe in Izmir die ersten Kinos gebaut und sei 1924, ebenfalls als Kinobauer, nach Finnland gegangen. 1939, als Finnland gegen Russland in den Krieg zog, sei er dann Pilot bei der finnischen Armee geworden und habe gelernt, eine Junkers zu fliegen, die die Finnen von den Deutschen bekommen hatten. Mitten im Krieg habe er sich nach Litauen abgesetzt, um seinen Vater zu suchen, der vor den Deutschen dorthin geflohen war. Antti sei dort von den Russen verhaftet worden, habe sich aber als ein jüdischer Finne ausgegeben, der vor den Deutschen fliehen musste, was man ihm geglaubt habe. 1945 sei er mit der Roten Armee nach Berlin gekommen und dann zurück nach Skandinavien gegangen.

In einer anderen Fassung, die er uns Jahre später erzählt, hatte er sich gleich nach seiner Flucht aus Finnland der Roten Armee angeschlossen, 1945 beim Einmarsch in Berlin die Tochter des schwedischen Botschafters in Berlin kennengelernt, in Berlin ein paar romantische Wochen in den Trümmern der Stadt verbracht (andere Fassung: den Botschafter kennengelernt, der ihn mit nach Schweden nahm, wo er dessen Tochter kennenlernte, mit der Tochter ein paar romantische Wochen in Stockholm verbracht).

1946 jedenfalls, erzählt Lovag, bekommt er das Erbe seines mittlerweile verstorbenen Vaters ausgezahlt. Er kauft sich ein Segelboot, er plant, sein sechsundzwanzigstes Jahr auf einer Weltumsegelung zu verbringen.

Im Dezember 1946 erreicht er die Mündung der Seine. Er verbringt ein paar Tage in Rouen, aber die Stadt langweilt ihn. Er fährt flussaufwärts, bis Paris. Auf der Seine treiben Eisschollen. Der Ofen an Bord funktioniert schlecht, er rußt, seine Kleidung riecht nach offenem Feuer und Kohle. Er geht in die Cafés am Boulevard Saint-Michel, um sich aufzuwärmen. Dort trifft er eine Amerikanerin.

— Sie hieß Renée Levinson. Sie trug immer alte graue Mäntel und Militärsachen, nur manchmal hatten irgendwelche Männer ihr Dinge gekauft, weiße Seidenblusen und Schals, die trug sie auch, aber sie wirkten wie Fremdkörper an ihr, und sie mochte sie nicht besonders, und irgendwann verschenkte sie sie an ihre Freundinnen. Eine Zeit lang lebte sie mit mir auf dem Boot.

Draußen riss der Wind an den Ästen der Pinien und bog die Palmen über dem Swimmingpool, es regnete jetzt, und die Lichter von Nizza verschwanden im Regen. Unterhalb der Kugel sah es aus wie in einem verwunschenen Wald; zwischen den Ästen tauchten Stahlkugeln auf, einige Betonteile waren den Hang hinabgerollt, ein paar gebogene Armierungen waren zwischen Bäumen fast verschwunden; man konnte Lovags Experimentierfeld nicht abreißen, es war mit der Natur verwachsen, ein Geflecht aus verworfenen Ideen, Kletten und Wurzeln. »Nun ja«, sagte Lovag und stellte dem Hund einen Napf mit frischem Wasser in die Tür.

— Und was war mit der Tochter des schwedischen Botschafters?

— Das war ja vorbei. Deswegen wollte ich ja überhaupt weg-
segeln, verstehen Sie?

Renée Levinson lebte nachts. Sie lebte in den Cafés und Bars,
und sie spielte alle möglichen Formen von Glücksspiel. Sie
brachte Lovag mit ein paar Spielern zusammen. In einer langen
Nacht in einem Hinterzimmer am Rive Gauche verlor Lovag
sein Boot beim Poker. Er saß jetzt in Frankreich fest, trieb sich
an der École des Beaux-Arts herum, lebte von dem, was er nicht
mit Levinson verspielt hatte, und arbeitete für den Gestalter
Jean Prouvé. Er erfand futuristische Möbel, baute ein Hotel
in den Savoyen, wurde Bauleiter in einem Architekturbüro in
Port-la-Galère – und lernte Antoine Gaudet kennen. Der Pariser Finanzexperte hatte beschlossen, sich auf dem Hochplateau,
das er sich gekauft hatte, ein Gebäude mit Blick über die Côte
d'Azur zu bauen, ein Haus, wie es die Welt noch nicht gesehen
hatte, keine bürgerliche Villa, sondern ein Ort, an dem man im
Liegen leben und feiern und Liebe machen würde: Orgytecture
statt Architecture. Gaudet gefielen Lovags Kugelmodelle. Er gab
Lovag den Auftrag, über einem Bachlauf eine mehr als tausend
Quadratmeter große, vierhundert Meter lange, aus knalloran-
gefarbenen Kugeln zusammengesetzte Biosphäre zu bauen. Die
alternative Kugelwelt war, anders als viele experimentelle Kom-
munen ihrer Zeit, also keine Erfindung von Gesellschaftskri-
tikern oder Hippies, sie war der Auftrag eines Kapitalisten, der
sich in eine Kunststudentin verliebt hatte. Das ist die Geschichte.
— Den Rest kennen Sie ja.

Lovag schaute wie eine freundliche, aber kampfeslustige Schildkröte, die sich ihre Geheimnisse nicht entreißen lassen will, hinter seiner Pfeife hervor.

Als Lovag den Auftrag für das Kugelhaus annahm, hatte er
gerade mit dem Fabrikanten Pierre Bernard eine architektonische Forschungsgesellschaft mit dem reichlich freudianischen

Titel »Wohnen wie im Mutterleib« gegründet und eine unver-
wüstlich einfache Technik entwickelt, runde Häuser zu bauen:
Auf ein kugelförmiges Korsett aus Eisenruten und Maschen-
draht wird Beton und Polyurethanschaum aufgespritzt; schließlich härtet ein Polyester-Anstrich die Oberflächen und lässt das
Regenwasser abperlen. Jeder Mensch sollte, so Lovags Utopie,
sich ohne Architekten einen Kokon aus Beton um seine ideale
Wohnlandschaft herumbauen können.

Für Gaudet gab er fast alle anderen Aufträge auf. Er baute
vierzig Jahre lang mit einem Team von Arbeitern an der Zu-
kunftslandschaft, ohne Pläne, sie probierten aus, Kugeln anzu-
docken, und rissen sie wieder ab, wenn es nicht gut war, sie bauten um Blicke herum, dann wuchsen die Blicke zu, und sie
bauten Kugeln mit Panoramafenstern an. Der Bachlauf wurde
über Marmortreppen durch eine Halle geleitet, in der über
Felsbrocken Palmen wachsen und die so etwas wie ein Wohnzimmer darstellt. Von dort führen Wege in die grottenartigen
Schlafzimmerhöhlen. Das Gebäude war Rousseau und Timothy
Leary in einer Seifenblase aus Beton, und wie bei Le Corbusiers
Wallfahrtskirche von Ronchamp war auch hier nicht zu sagen,
ob superfuturistische Weltraum-Utopien oder archaische Höh-
len den Bau prägen: Lovag fusionierte das ganz Alte und das völlig Neue. Unter den Plexiglaskuppeln lagen Tierfelle.

Lovag, der sich nach 1966 »Habitologe« nannte, wollte eine
demokratisierte Architektur, die weniger »Archein«, weniger
Vorausplanung, weniger starr wäre, die Fensterrahmen der
Wohnlandschaften schwellen an und werden zu Sitzlandschaf-
ten, das Haus sollte um das Leben seiner Bewohner, um Felsen
und Bäume herumfließen, keine Ecken, keine Fassaden haben
und nur aus »Sphären« bestehen, in die das Licht durch kreis-
runde und ovale Öffnungen oder einen »Skydome« aus Plexi-
glas fällt. Die Häuser sahen aus wie betongewordener Schaum,

wie Modelle von Molekülen. Auch die Möbel mussten bei Lovag mobil sein; sogar der Kamin konnte sich bewegen.

Was in über drei Jahrzehnten auf dem Hochplateau entstand, ist eine Biosphäre, wie sie auch auf dem Mond stehen könnte, und eines der erstaunlichsten Gebäude, die im 20. Jahrhundert errichtet wurden: Um die kugelförmige, etwa zehn Meter hohe Halle, in der Kakteen und Palmen wachsen und die als eine Art Dschungelwohnzimmer dient, gruppieren sich Kugelräume, in die durch Plexiglashauben Licht fällt und in denen man wie in einer Grotte lagert. Manchmal erinnert der Bau an ein Raumschiff, manchmal an eine Höhle; das Ziel, so Lovag, sei gewesen, eine Biosphäre, eine künstliche Welt zu schaffen, in der Privatheit und Gemeinschaft anders erlebt werden: ein hippiesker Paradiesgarten unter Kugeldächern sozusagen, finanziert von einer der wichtigsten Figuren der Pariser Finanzwelt.

An einem der Großmodelle, das Lovag damals, Anfang der siebziger Jahre, in dem kleinen Korkeichenwald baute, wollte er herausfinden, wie sich vorfabrizierte Betonkugelelemente zusammenfügen lassen und wie man geschwungene Zwischenböden in die Kugeln einfügen kann. Ein paar Jahre stand es leer. Dann, Anfang der achtziger Jahre, verloren die Gaudets das Interesse an ihrer Riesensphäre, nachdem sie ein paar Sommer mit vielen Pariser Freunden jeweils ein paar Wochen in den fertigen Teilen der Sphäre gewohnt und dort Feste veranstaltet hatten, von denen man sich im Dorf die ungeheuerlichsten Dinge erzählte.

Lovag hatte außer der Idealwelt von Tourrettes-sur-Loup noch ein paar Kugelhäuser gebaut, eines hatte der Chefredakteur einer kommunistischen Zeitung in Auftrag gegeben, aber danach waren keine Aufträge mehr gekommen, und das Jahr 1980, die Zeit der einsetzenden Postmoderne, war vielleicht der schlechteste Zeitpunkt der neueren Architekturgeschichte, um

Kugelhäuser und utopische Kollektivwohnanlagen zu bauen. Antti Lovag hatte zwölf Jahre lang nur an einem Projekt gebaut, das auf der einen Seite immer noch im Bau war und auf der anderen schon wieder verfiel. Lovag war, als Gaudet die Sphäre 1980 aufgab, sechzig Jahre alt, und er war pleite. Gaudet räumte ihm ein lebenslanges Wohnrecht auf der Baustelle ein, und so zog Lovag in das sechzig Quadratmeter große Modell, das er gebaut hatte.

Er hätte berühmter werden können, wenn er sich nicht wie ein fanatischer Kathedralbaumeister seiner riesigen Kugelbiosphäre gewidmet hätte. Aber er ging nach Tourrettes-sur-Loup, er baute, baute um, riss wieder ab, mehrfach kam der Bau zum Erliegen, es kamen Winter und glutheiße Sommer, Lovag lernte Frauen kennen, und die bekamen Kinder, über die er nicht reden möchte, Privatsache; der Mistral fegte über die Anhöhe, die Kräne begannen zu rosten, die Postmoderne machte den Kugelutopien der sechziger Jahre den Garaus, und Antti Lovag geriet langsam in Vergessenheit. Seit den achtziger Jahren hat er, der in seinem Leben nur vier Kugelhäuser fertigstellte, kein Haus mehr gebaut.

Immerhin wurde irgendwann, auf Initiative eines architekturbegeisterten Dorfbürgermeisters, die Baustelle zum nationalen Kulturerbe Frankreichs erklärt. Dann starb Gaudet, und sein Haus war immer noch eine Baustelle, der britische Immobilienunternehmer Bloxham kaufte den Hügel mit dem Haus. Lovag, dem Gaudet ein lebenslanges Wohnrecht auf dem Terrain eingeräumt hatte, blieb.

Als wir ihn ein paar Jahre später wiedertrafen, war Lovag gerade sechsundachtzig Jahre alt geworden. Er saß unter einem der kreisrunden Plexiglasfenster und schaute Zeichentrickfilme. Er verließ die Kugel nur noch selten; er wartete, bis Besuch kam, morgens und abends brachte eine Pflegerin das Essen, eine freundliche schwere Frau in einem asthmatischen weißen Kleinwagen, der sich keuchend den Hang hinaufarbeitete.

An diesem Tag kam Pierre Roche zu Besuch, er hatte eine Frau mitgebracht. Lovag begrüßte die Gäste und schüttete den Katzen eine halbe Tüte Katzenfutter ins offene Fenster, traf die dort abgestellte Schale aber nicht, die bunten Trockenfutterkugeln rollten im Raum herum, die Katzen jagten ihnen hinterher und stießen ein Architekturmodell um. Es sah aus wie ein Motorradhelm, war aber das Modell einer experimentellen Wohnkugel; das Visier war eine aufklappbare Fassade. Lovag warf das Styropor-Modell in hohem Bogen auf die Empore; Roche, der Archivar seines Lebens, zuckte zusammen. Lovag sagte:
— Jetzt gibt es Mittagessen.
Es gab Pastete und Fleischsalat, verschiedene Kuchen, Wein und Käse. Draußen war es warm, und die Mittagshitze knisterte durch die trockenen Korkeichen, der Hund atmete schwer und verzog sich in einen kühlen Winkel neben dem Kamin. Lovag goss sich einen Schuss Châteauneuf du Pape in sein Mineralwasser und erzählte von den Leuten, die früher für ihn arbeiteten, unter ihnen war die junge Architektin Annette Tison, die später mit ihrem Freund Taylor die Kinderfigur Barbapapa erfand; in einem der Bücher baut sich Barbapapa ein Haus, es sieht aus wie das Kugelhaus von Tourrettes-sur-Loup.

Tourrettes-sur-Loup war die Glamrock-Version einer utopischen Kommune; ein Palast für alle, die nicht mehr arbeiten müssen und ihre Zeit zwischen dem Pool, den Palmen und den Liebeshöhlen verbringen können. So, wie es heute dasteht, sieht es aus wie ein Amüsierbau für das berühmte eine Prozent, aber genau das sollte es nicht sein, sondern ein Beweis dafür, dass die ganze Welt mit Rundhäusern oder Kugelkonglomeraten überzogen werden kann – und dass das ganze Leben in diesen Kugeln für alle weicher und dynamischer und weniger eckig wird.

Der Sozialutopiker Charles Fourier, eines der großen Vorbilder von Marx und Engels, hatte solch eine Welt im 19. Jahrhundert entworfen, ein gigantisches Gebäude von den Ausmaßen des Schlosses von Versailles: Er hatte sie Phalansterium genannt, es war ein Nachbau von Versailles für fünftausend Menschen mit einem künstlichen Dschungel, in dem immer Sommer sein würde, und Kindergärten und kollektiven Küchen und Wäschereien, so dass auch die Frauen tun könnten, was sie wollten. Fouriers Utopie war eine Welt, in der die Arbeit vollautomatisiert werden und die früheren Arbeiter wie die Adligen am Hofe Ludwigs XVI. leben würden, Fouriers Feinde waren nicht Klerus und Adel, sondern die Kleinbürger mit ihrer Entsagungsmoral und ihren schäbigen Einfamilienhütten. Fourier, Verfasser des großen Manifests »Aus der neuen Liebeswelt«, setzte seine Großwohnanlage und die Idee der spätfeudalen Orgiendekadenz dagegen – das Lustschloss fürs ganze Volk. Von dieser Erotopie führt ein direkter Weg ins Jahr 1968 und auf das Hochplateau von Tourettes-sur-Loup.

— Fand dieses Leben denn hier statt?

Lovag zerteilte amüsiert ein Stück Pastete.

— Wir waren dreißig, vierzig Leute hier. Wir haben gebaut und gefeiert. So war das.

— Gibt es Bilder aus dieser Zeit?

— Puh, Bilder.... ich habe keine Bilder, ich habe Erinnerungen. Vielleicht hat jemand auch Bilder. Keine Ahnung.

Erst allmählich wird sein Werk von der Architekturgeschichte wiederentdeckt. Viele werden heute für Ideen gelobt, die Lovag lange vor ihnen hatte. Jean Nouvel zum Beispiel wollte vor ein paar Jahren für ein spanisches Museumsprojekt mitten in der Stadt einen künstlichen Berg errichten; das Gleiche hatte Lovag drei Jahrzehnte vor ihm für das Loch vorgeschlagen, das die abgerissenen Pariser Markthallen hinterlassen hatten und das heute aussieht wie die Abfertigungshalle eines Flughafens und mit seinen Shoppingmalls weit entfernt ist von der Schönheit der Lovagschen Utopien.

Als wir Antti Lovag das letzte Mal sahen, ging es ihm schlecht; er konnte nicht mehr gehen, und er konnte sich an nichts erinnern. Er war jetzt dreiundneunzig. Er sagte, sein Gehirn habe Löcher, es verliere Dinge, es erzähle ihm Dinge, die darin nichts zu suchen hätten. Als wir ihn nach Finnland fragten, schaute er uns erstaunt an. Draußen fuhr eine schwarze Limousine vor der jetzt vollständig renovierten Kugelvilla vor. Der neue Besitzer hatte sie mit Retro-Möbeln ausstatten lassen und die Katzen vertrieben, die jetzt durch den Olivenhain streunten und in der alten kugelförmigen Werkstatthalle schliefen, in der Lovag die Prototypen gebaut hatte.

Lovag saß eine Stunde regungslos unter der Plexiglaskuppel seines Kugelhauses. Er hatte es giftgrün anstreichen lassen, vielleicht, um den neuen Besitzer des Hauses zu ärgern. Die Kugel war jetzt ein Gefängnis, ein Schneckenhaus, mit dem er untrennbar verwachsen war. Die Hunde waren gestorben, einer nach dem anderen, nur die Katzen waren noch da, sie hatten sich vermehrt, es waren jetzt zehn oder mehr. Der Fernseher lief. Lovag trug immer noch seine karierten Hemden. Hinter ihm stand eine Barbapapa-Figur. Eine Zeit lang wirkte es, als sei er eingeschlafen. Dann, als wir gehen wollten, öffnete er die Augen und sagte:

— Schaut euch um. In meiner Architektur ist alles ganz einfach. Alles ist ganz einfach. Hab ich dir eigentlich je gesagt, wie ich meinen Hund genannt hatte? Er hieß »Hund«.

Antti Lovag starb am 27. September 2014. Er wurde vierundneunzig Jahre alt. Bis zuletzt hatte er in seiner Wohnkugel gelebt.

# JACQUES BARRIÈRES MOSCHEE

**B**evor ich Jacques Barrière sah, sah ich sein Haus. Es war ein Haus, das nur auf den ersten Blick normal aussah, zwei Geschosse, gebaut in den fünfziger Jahren, mit Fenstern in der Farbe von Teakholz und dünnen Geländern vor dem Balkon im ersten Stock und weißen Gardinen und einer rustikal gemauerten Kaminwand, unten das braune Garagentor, darüber ein seltsamer Erker, wie ein Bühnenbild für Romeo und Julia, ein phantastischer, vollkommen seltsamer Auswuchs, der aussah, als hätte ihn ein Surrealist zum Spaß an diesem ansonsten ernsten Haus befestigt. Ein leiser, freundlicher Wahnsinn trat aus diesem Erker in die ruhige Vorortstraße aus.

Um zu Jacques Barrière zu kommen, muss man zweieinhalb Stunden von Bordeaux auf der Route Nationale 10 nach Nordosten fahren. Hinter Angoulême werden die Straßen schmaler, in den Ortschaften dösen die Hunde in der Sonne, ein Ort heißt Chirac, wie der ehemalige Präsident, den niemand mochte, als er Präsident war, heute sehen sie das anders, denn nach ihm kamen Sarkozy und Hollande, und Chirac erscheint als der letzte große Präsident, der wie Gerhard Schröder gegen den Irak-Krieg war und nicht mitgemacht hat.

Dann kommt die Stadt Limoges, hundertfünfzigtausend Einwohner, bekannt für seine Porzellanindustrie. Hier wurde Barrière am 19. Januar 1935 geboren, hier, in der Avenue des Bayles im Vorort Isle, im Haus mit dem seltsamen Erker, wohnt er, und er hat die Gegend selten verlassen, bis im Sommer 1997 der Anruf der Iraker kam. Wenige Monate später saß Barrière mit Bauplänen für eine Moschee in einem schweren amerikanischen Geländewagen, der ihn auf dem schotterigen Landweg von Amman durch Jordanien und über den Euphrat nach Bagdad brachte.

Als ich Jacques Barrière das erste Mal traf, empfing er mich in seinem Büro, einem Zimmer in seinem Privathaus. Seit den fünfziger Jahren arbeitet er in diesem Raum, und seitdem trägt er beim Arbeiten einen weißen Kittel, wie ein Arzt, der in den Operationssaal muss. Durchs Fenster sah man den Nebel eines Novembermorgens im Limousin. Auf dem Tisch vor ihm lag ein Plan, man erkannte den Grundriss von acht Minaretten, einer Moschee, davor einen gigantischen See mit einer fast hundert Meter langen Insel im Zentrum. Es war die erste Moschee, die er entworfen hat, und es wäre die größte der Welt geworden, hätte man sie je fertiggebaut, noch größer als die Al-Rahman-Moschee in Mekka – und als wir Barrière das erste Mal trafen im November 2002, glaubte er noch daran, dass sie gebaut werden würde.

Barrières Auftraggeber war Saddam Hussein; die Moschee, die Barrière für ihn in Bagdad plante, war mit den Nebenanlagen zweiunddreißig Hektar groß und sollte ein Minarett mehr als Mekka haben.

— Die Anlage wird siebenhundert Meter lang und vierhundertachtzig Meter breit, und vielleicht können wir die Minarette bis auf dreihundert Meter Höhe bauen.

Er liebte die schiere Größe. Sein Büro ist drei Meter breit und vier Meter lang und vollgerümpelt mit Büchern, Bildern und Nippes. So, wie er hinter seinem Zeichentisch stand, mit seinem weißen Kittel, den er über einem malvenfarbenen Hemd trägt, seinem Menjou-Bärtchen und den dunklen, grau melierten

Haaren, sah er aus wie eine Mischung aus einem Chefarzt und einem Pariser Dandy der Jahrhundertwende.

— Warum hat der See vor der Moschee diese seltsame Form?

— Er wiederholt die Konturen der arabischen Welt.

— Und was ist das dort für eine komische Insel in dem Bassin?

— Raten Sie mal.

— Ein Symbol für den Irak?

— Der Irak ist nicht oval, mon ami.

— Was ist es dann?

— Es ist der Fingerabdruck von Saddam Hussein vergrößert auf fünfundneunzig Meter Durchmesser! Sie werden in den Fingerrillen des Präsidenten spazieren gehen können!

Wie aber war es gekommen, dass ein Architekt in der französischen Provinz, der in einem Einfamilienhaus mit Erker sitzt und seit rund einem halben Jahrhundert Einfamilienhäuser, Kirchen und vielleicht mal eine Schule baut, den Auftrag für die größte Moschee der Welt bekam?

Bis 1997 war wenig passiert in Jacques Barrières Leben. Der Sohn eines Taxiunternehmers studierte in Bordeaux Architektur. Er wurde ein beliebter Provinzarchitekt, einer der erfolgreichsten seiner Stadt, und träumte von etwas Größerem. Er las Bücher über die Sieben Weltwunder, machte einen Entwurf für den Wiederaufbau des Leuchtturms von Alexandria und für ein Museum in Gizeh.

Die Decke seines Arbeitszimmers hat er himmelblau gestrichen, mit weißen Wölkchen; aus dem blassblauen Himmel hängt eine grüne Jugendstillampe im orientalischen Stil heraus. Weil er Ägypten über alles liebt, macht er 1996 dem Präsidenten der Republik einen Vorschlag: Zum zweihundertsten Jahrestag der Ägypten-Expedition von Napoleon im Jahr 1798 soll in Paris ein hundertachtzig Meter hoher Wohnturm mit sechzig Etagen und hundert Apartments errichtet werden; die Form eine achtfache Vergrößerung des Obelisken von Luxor auf der Place de la Concorde, die Fenster eingeschnitten zwischen die vergrößerten Hieroglyphen. Der ägyptische Botschafter unterstützt den Plan, Barrière fährt nach Paris, trifft Mohammed Al Fayed (den Besitzer des Londoner »Harrods«) und die Frau des ägyptischen Präsidenten Mubarak. Schließlich bekommt er eine Audienz bei Jacques Chirac. Er erhält trotzdem keine staatliche Unterstützung für das 300 Millionen Euro teure Projekt, aber *Le Monde* berichtet darüber, die japanische Presse bejubelt den Plan und auch die irakische Zeitung *Babyl*. Deren Chefredakteur ist der älteste Sohn Saddam Husseins. Er zeigt den Entwurf seinem Vater. Saddam ist begeistert: Ein Symbol der arabischen Welt achtfach zu vergrößern und dann nachzubauen, diese Idee gefällt ihm gut.

Wenig später, im Sommer 1997, als Jacques Barrière gerade bei schwüler Sommerhitze unter seinem selbstgemalten, auf 2,50 Meter abgehängten Himmel sitzt und über die erhabene Größe Ägyptens nachdenkt, klingelt das Telefon. Es ist Ahmed Al Azzawi, Generalbeauftragter für irakische Interessen in Paris. Saddam wolle ihn kennenlernen, er solle bald nach Bagdad fahren. Barrière hält den Anruf für einen Telefonscherz des örtlichen Radiosenders und legt auf. Al Azzawi ruft noch mal an. Im Januar reisen Barrière und sein technischer Berater Daniel Ganichaud in den Irak. Barrière hat einen Porzellanteller aus Limoges dabei, als Geschenk für Hussein, Limoges ist für seine Porzellanteller bekannt, die Dame von der Manufaktur hat den Entwurf für die Moschee auf den Teller gemalt. In Bagdad darf Barrière als einer der wenigen Besucher drei von Saddams Palästen besuchen, darunter den Palast des Adlers südlich von Bagdad.

— Und was haben Sie gesehen?

— Marmor. Unfassbare Mengen von Marmor.

Sie übernachten im »Al Rashid«, dem besten Hotel Bagdads.

Am Abend sitzen sie in den tiefen braunen Ledersesseln des Foyers und diskutieren den Entwurf. Im »Al Rashid« sieht es nicht aus wie in einem islamischen »Rough State« – hier sieht es aus wie in Amerika. Das Hotel stammt aus der Zeit, als der Irak der Außenposten der westlichen Welt war, ein Verbündeter gegen den Iran. Nur das Mosaik im Foyer passt nicht ins Bild: Es wurde nach dem ersten Irak-Krieg gelegt, es zeigt das Gesicht von George Bush senior, darüber steht in liebevoll gesetzten Buchstaben »Bush is criminal«.

Der Krieg um Herrscherbilder und Bildbeherrschung zielt auf beiden Seiten immer auf die öffentliche Demütigung des Gegners. Täglich trampelten sämtliche Gäste, auch die westlichen, durch das Gesicht des amerikanischen Präsidenten.

Barrière wartet auf dem Mosaik, mit dem Porzellanteller unter seinem Arm. Ein Cadillac bringt sie in ein Ministerium. Barrière wandert jetzt durch einen endlosen Gang aus weißem Marmor. Er denkt an daheim. Seine Frau gießt jetzt gerade die Blumen. Aus dem kleinen Küchenfenster kann man die Wiesen des Limousin sehen. Hier glänzen goldene Ornamente auf dem weißen Marmor; die Decken sind zehn Meter hoch. Die Männer tragen Schnurrbärte wie Barrière. Er fühlt sich wohl hier. Dann kommt Saddam. Das Treffen ist kurz.

— Saddam war sehr zurückhaltend. Er wirkte fast schüchtern. Ich weiß nicht, ob es Saddam war oder ein Doppelgänger. Der Mann sagte jedenfalls, dass ihm das Projekt gefalle, obwohl man noch einiges werde ändern müssen. Ich wollte wissen, was die große Moschee kosten dürfe. Er sagte: »Sie kostet, was sie kosten muss.«

Barrière schenkt Hussein den Teller. Hussein schenkt ihm eine Schale mit abstrakten Mustern. Barrière kehrt zurück nach Limoges und setzt sich wochenlang unter den tief hängenden

Himmel seines Arbeitszimmers, ändert, rechnet, plant, ruft Statiker an, verdoppelt Ausmaße; darüber freut man sich in Bagdad, wo man den Bau mittlerweile größtenteils mit eigenen Ingenieuren und ohne Barrière macht.

— Als erstes wurde der Tigris umgeleitet. In dem See, der dadurch entstand, hat uns Saddam künstliche Inseln anlegen lassen, die die Länder der arabischen Welt darstellen. Links neben der Moschee sollte Saddams gigantisch vergrößerter Fingerabdruck zu sehen sein, zusammen mit seiner Unterschrift.

Sie haben ihm Saddams Unterschrift und seinen Fingerabdruck geschickt, und Barrière hat beides als Skulptur gestaltet.

— Das Ganze sollte hundert Meter lang sein, eine riesige Signatur. Saddam bestand auf diesem Detail des Entwurfs. Wir haben ihm dann zusätzlich vorgeschlagen, die Minarette in Form von Raketenwerfern zu gestalten, zweihundertfünfundachtzig Meter hoch. Für diesen Entwurf hat er sich dann aber doch nicht entschieden.

In der arabischen Welt ist das Projekt umstritten: Eine Moschee ist eine Moschee, der Fingerabdruck eines Politikers hat darin nichts zu suchen, sagen Kritiker; der Wille, selbst Mekka zu übertrumpfen, wird sogar im Umfeld von Saddam mit Sorge beobachtet.

Sogar der Tigris soll für das Monumentalbauwerk umgeleitet werden. Barrière schreibt an die Bauleiter vor Ort, entwirft neue, schlichter wirkende Minarette, zweihundertachtzig Meter hoch, die an betonierte Raketen erinnern. Dann wird überlegt, ob man Minarette in der Form von Maschinengewehren bauen solle, die in den Himmel ragen, acht Stück, für jedes Jahr des Iran-Krieges eines. Die Kommunikation mit dem Irak ist mühsam. Barrière schickt die Entwürfe an die marokkanische Botschaft in Paris, die die Interessen des Irak in Frankreich vertritt.

Die Kollegen vor Ort gehen zur rumänischen Botschaft in Bagdad, sie vertritt Frankreich im Irak. Barrière erhält Änderungswünsche von Hussein. Eine Reporterin aus Paris reist an.

— Ich habe ein Interview gegeben. Sie müssen es anhören.

Barrière hatte keinen Kassettenrecorder im Haus, weswegen wir in die Garage gingen. Wir setzten uns in seinen Alfa Romeo 156, Barrière schaltete das Band an. Die Reporterin fragt etwas, dann antwortet die Stimme des Architekten. Barrière hörte seiner Stimme zu und nickte zustimmend.

— Ich habe Angst, dass sie den Irak angreifen und die Moschee zerbomben. Aber das werden sie nicht machen, was meinen Sie?

Es waren die Tage, nachdem die Vereinten Nationen auf Drängen der Vereinigten Staaten dem Irak ein Ultimatum gestellt hatten. Es waren die Monate, in denen George W. Bush seinen Sicherheitsberater Richard Clarke drängte, ihm Material zu beschaffen, mit dem man eine Beteiligung des Irak an den Anschlägen des 11. September beweisen könne, obwohl Clarke beharrlich wiederholte, dies sei bereits ausgiebig und intensiv und mehrfach überprüft und ausgeschlossen worden. Es waren die Wochen, bevor Colin Powell am 5. Februar 2003 bei der entscheidenden Sitzung des UN-Sicherheitsrats angebliche Beweise für biologische und chemische Waffen und Bauteile atomarer Waffen des Irak vorlegte, die sich schon ein Jahr später alle als falsch herausstellten.

— Ich weiß es nicht. Sie arbeiten für einen Diktator. Macht Ihnen das keine Sorgen?

— Die Regierungschefs in der arabischen Welt sind alle so. Und haben Sie mal über den versteckten Völkermord nachgedacht, den der Westen im Irak begeht? Zwanzigtausend Menschen, meistens Kinder und Alte, sterben monatlich, weil das Embargo den Lebensmittelhandel behindert und die Wirtschaft zum Erliegen bringt. Wir sollten den Arabern nicht unsere Sicht der Welt aufzwingen. Es geht bei all dem Gerede nur um Macht und Öl.

— Und die Atombomben?

— Ein Freund von mir hat acht Jahre lang das Atomkraftwerk von Bassorah gebaut. Es wurde bei israelischen Luftangriffen zerstört. Sie zeigen immer noch Fernsehbilder davon – aber sie sind Fälschungen. Im Fernsehen sieht man, wie die Brennstäbe von oben eingeschoben werden. Sie wurden aber seitlich eingeschoben.

Durch die offene Garagentür sah man die Entwürfe für die große Moschee. Es war ein seltsames symbolisches Universum, das Barrière da entworfen hatte. Ein See in der Form der arabischen Welt, darin der Fingerabdruck des großen Führers, dahinter das religiöse Zentrum der islamischen Welt, das neue Mekka – so direkt funktionierte die Ikonographie der Macht in Bagdad. Dass Fingerabdrücke in der westlichen Welt eher das Signet eines Verbrechers sind als Ausdruck von Führerschaft, schien in Bagdad niemanden zu stören. Die Moschee befand sich im Rohbau damals, aber das Embargo verhinderte die Vollendung. Obwohl Saddam den Marmor aus alten Palästen herausbrechen ließ, fehlt es für die beiden großen Moscheen, die er errichten ließ, an Material. Barrière spielte mit dem lederbezogenen Schaltknüppel seines Alfa Romeo.

— Ich habe jetzt Erfolg, plötzlich. Ich habe in Limoges einen kleinen Obelisken errichten dürfen.

Ein neues Auto wolle er sich kaufen, ein Mercedes-Coupé, allerdings eines mit einem sparsamen Dieselmotor. Falls die Ölpreise steigen.

— Und man hat mich gebeten, eine Schule zu entwerfen, die man einhundertvierzigmal, in jeder Gegend des Landes bauen kann. Ich habe das abgelehnt.

— Warum?

— Ich ziehe mich zurück. Erfolg zieht Erfolg nach sich, aber wenn er zu spät kommt, muss man das einsehen.

Draußen fuhr ein Mofa vorbei, dann wurde es still. Wir verabschiedeten uns. Der Himmel über Limoges hatte die gleiche Farbe wie der gemalte in Barrières Büro. Wenige Monate später griffen die Vereinigten Staaten den Irak an. Am 7. April erreichten amerikanische Soldaten Bagdad. Sie zerstörten die Standbilder Saddams, es war kein Zufall, dass es in einer Zeit, in der Amerika vor allem gegen unsichtbare Gegner kämpfte – Saddam war auf der Flucht, Osama Bin Laden ebenfalls noch nicht gefasst –, zum Bildersturm auf die Symbole eines der letzten noch lokalisierbaren Tyrannen kam. Aber sie ließen die Baustelle der Moschee unangetastet. Das Mosaik des Präsidenten Bush senior im Eingang des Hotels »Al Rashid«, auf dem ihr Architekt gestanden hatte, entpuppte sich für die amerikanischen Soldaten, die alle Spuren von Saddams Herrschaft vernichten sollten, als Problem. In der bilderstürmerischen Logik der Amerikaner musste auch dieses Gesicht zügig zertrümmert werden – und doch dürfte einem Amerikaner sonderbar dabei zumute sein, mit dem Vorschlaghammer, der Saddams Konterfei traf, auch auf das Gesicht des »President Father« einzudreschen. Das aufwendige Porträt des Feindes war eine ikonologische Falle, aus der es kein Entrinnen gab: Ein Schlag ins Gesicht bleibt ein Schlag ins Gesicht – auch wenn es nur ein gemaltes ist. Offenbar hatten sie Hemmungen, mit dem Vorschlaghammer auf das Porträt des Präsidentenvaters einzudreschen. So entschlossen sie sich, wie Archäologen die Mosaiksteine des Gesichts zu entfernen, was dem Bild eine noch gespenstischere Wirkung verlieh; es war, als hätte eine beunruhigende Mischung aus Omnipräsenz und Unsichtbarkeit des Feindes Bush körperlich infiziert.

Am 26. Oktober 2003 wurden zehn Katjuschas auf das Hotel »Al Rashid« abgefeuert, die den amerikanischen Oberstleutnant Charles H. Buehring töteten. Der stellvertretende Verteidigungsminister Paul Wolfowitz befand sich ebenfalls im Hotel, blieb aber unverletzt. Das gesichtslose Porträt von George Herbert Walker Bush wurde durch ein Bild Saddams ersetzt.

Als ich das nächste Mal nach Bordeaux kam, waren fast zwei Jahre vergangen. Es war heiß, die Stadt war in einen selbstzufriedenen Halbschlaf versunken, die einzigen Lebewesen, die man sah, waren die Tauben und eine alte Dame mit den bläulich gefärbten Haaren, deren Pudel die gleiche Färbung aufwies. Sie trug ein Paket aus dunkelbraunem, leicht knisternden Papier aus der Pâtisserie, das mit einer blassrosa Schleife zusammengebunden war, so dass eine Schlaufe entstand, dank der sie das Törtchen bequem, wie eine essbare Handtasche, nach Hause tragen konnte. Über die Place des Quinconces wehte der Staub, der alles in der Stadt zu bedecken schien, die Platanen, die Sandsteinhäuser, die dunklen Torbögen und sogar den Fluss, die Garonne, die sich weiter oben mit der Dordogne zur Gironde vereinigt, bevor sie an der Pointe de Grave ins Meer mündet. Früher konnte man in der Garonne baden, und die Bewohner von Langoiran und Cadillac fingen Flusskrebse an den Ufern, aber seit man die Steine für den Straßenbau mit Baggern aus der Garonne geholt hat, wühlt das Wasser den lehmigen Boden auf.

Wir hatten den Tag in Bordeaux verbracht, und als es Abend wurde, fuhren wir ans Meer und aßen auf dem Weingut von Loudenne, das auf der Landzunge zwischen der Gironde-Mündung und dem Atlantik liegt.

Wir trafen Florence Lafragette, die ein reizendes Sommerkleid trug und Gäste durch das Gut ihrer Eltern führte. Ihre Mutter Marie Claude entstammte einer Familie, die bis zur Aufgabe der französischen Kolonien in Algerien gelebt und sich nach ihrer Rückkehr in dem Städtchen Cognac bei Bordeaux niedergelassen hatte, um Cognac herzustellen. Ihr Mann Jean Paul Lafragette hatte schon früh ein kleines Vermögen mit Fruchtsäften und Marmelade gemacht, und irgendwann hatten beide die Getränke ihrer Familien probehalber zu einem Aperitif zusammengeschüttet, sozusagen die Vollendung ihrer Ehe in Getränkeform.

Das Experiment entsetzte einige Cognac-Puristen in der Familie, aber spätestens als Ende 1984 die Verkaufszahlen des »Alizée« getauften Aperitifs aus Nordamerika eintrafen, freuten sich auch die Skeptiker: Das Zeug verkaufte sich unfassbar gut. Beflügelt vom Erfolg seines »Alizée«, machte sich Jean Paul Lafragette daran, alles, was einigermaßen flüssig war, auf seine Mischbarkeit mit Cognac zu untersuchen, was unter anderem zu einem Produkt namens »X. O. Bière« führte, das, wie der Name verrät, aus Cognac und Bier besteht und sehr schnell betrunken macht. Dazu kaufte er sich ein paar schöne Weingüter, darunter das Château de Pouillac, das einmal dem berühmten Boulevard-Baumeister Haussmann gehörte, und das Château Loudenne im Médoc. Am Nebentisch saßen ein paar Belgier mit langen Gesichtern, die über den La Tour Figeac sprachen, sie sagten etwas von schwarzen Kirschen und Pflaumen und Veilchen-, Minze- und Eukalyptusnoten und schleuderten den Wein durch ihre Gläser, als sei der ein Motorrad beim Steilwandfahren, dann nahmen sie schmatzend einen Schluck, guckten abwägend in alle Richtungen und riefen schließlich »ah, tannig, angenehm, typisch Merlot« über den Tisch und beklagten die mangelhafte Qualität kalifornischer Weine. Florence Lafragette kam an unseren Tisch und blinzelte kritisch zum Nebentisch hinüber. Sie war auf dem Weg zum Bassin d'Arcachon, wo sie ein Boot liegen hatte, vielleicht war es auch das Boot ihres Vaters, jeder sei eingeladen zu kommen. Dann erzählte sie, dass die französischen Winzer den Amerikanern ihre Existenz verdanken; weil Ende des 19. Jahrhunderts ein besonders bösartiges Insekt, die Phylloxera, fast alle Weinberge zerstört hatte, musste man amerikanische Reben importieren, die gegen diese Laus resistent waren, allerdings ließ sich aus ihnen kein Qualitätswein gewinnen, weswegen man schließlich die französischen Reben auf die amerikanischen aufpfropfte, der berühmte französische Wein habe so gesehen amerikanische Wurzeln, eine Tatsache, über die sich die französischen Winzer nur hinwegtrösten können, indem sie darauf verweisen, dass alle wirklich bemerkenswerten Dinge in Amerika, zum Beispiel die New Yorker Freiheitsstatue, großzügige Geschenke der Franzosen sind.

Weil Florence Lafragette sich am nächsten Tag nicht meldete, fuhren wir zu Freunden, die sich mitten im Land, in einem Ort namens Folles, ein altes Steinhaus gekauft hatten, in dem sie selbstgebrannten Pflaumenschnaps servierten. Wir fuhren drei Stunden, durch Bergerac und einen Ort, der Angoisse hieß, Angst. Es war heiß, und in den Büschen lärmten die Zikaden. Limoges lag auf dem Weg, deswegen hielten wir kurz bei Jacques Barrière.

Er empfing uns wie beim letzten Mal in seinem weißen Kittel mit staatsmännisch ausgebreiteten Armen.

Die Moschee, sagte er, sei, obwohl sie in der Nähe der Kasernen steht, nicht beschädigt worden. Aber nach dem Einmarsch der Amerikaner hätten sie die Bauarbeiten nicht wieder aufgenommen, über die Hälfte seiner Mitarbeiter und Kollegen seien während der amerikanischen Bombardements getötet worden, auch sein Ansprechpartner, der Minister war und Chef der irakischen Architekten.

Vor dem Haus parkte ein neues Mercedes-Coupé mit einem Bootsanhänger, auf dem eine kleine Segelyacht befestigt war.

Das Modell der großen Saddam-Moschee stand in der Garage neben einer Tiefkühltruhe, ein Minarett war umgeknickt, auf der Kuppel hatte sich der Staub eines Winters gefangen. Als wir schweigend vor dem Modell standen, betrat Madame Barrière den Raum, ging zum Tiefkühler und holte eine Rehkeule heraus. Sie grüßte kurz und legte die Rehkeule auf dem Modell ab, dort, wo der Fingerabdruck Saddams war, ein haushohes, blutiges Stück Fleisch vor einem Bau, den es nicht geben würde.

Ich ging, als es dunkel wurde, und das Letzte, was ich von Jacques Barrière sah, war das Licht in seinem Erker, das blinkte und funzelte wie ein Leuchtturm, der eigenartige Hieroglyphen ins All funkt.

LA DOUCE FRANCE

187 GRANVILLE (Manche)
Le Roc et le Plat-Gousset à marée haute

*Les Éditions d'Art YVON, Paris, 15, Rue Martel
Reproduction interdite - Fabrication Française*

*ne pas matouche
jeudi. Bains. Jeanne*

Madame Cousin
32 rue Escudier
Boulogne
(Seine)

FRANKREICH, NEUILLY

DAS HAUS,
DAS AUF
DER POSTKARTE
STAND

32

ch wollte nach Neuilly, in diese schmale Seitenstraße, in dieses vollkommen unauffällige, viergeschossige Haus, das allenfalls den schüchternen Charme einer einfachen, nicht prachtvollen bürgerlichen Stadtvilla besaß, ein Haus der Jahrhundertwende, wie es Hunderttausende in französischen Kleinstädten gab, Sandstein mit einfachen schmiedeeisernen Gittern vor den tiefen Fenstern, eine schmale Toreinfahrt, darüber, von einem kleinen floralen Ornament eingefasst, die Nummer 32, daneben das Schild »Mercerie Bonneterie Tigibus«, eine Werbung für den Laden im Erdgeschoss, der zuletzt in den sechziger Jahren renoviert wurde und in dem man Knöpfe und Unterwäsche und das kaufen konnte, was früher »Wirk- und Strickwaren« hieß.

Ich war nach Neuilly gekommen wegen einer Postkarte aus dem Jahr 1939, die ich in einem Briefmarkenladen in den Arkadengängen des Palais Royal gekauft hatte. Ich hatte sie in einer Kiste gefunden, die der Händler jeden Morgen vor seinen Laden stellte. Die wenigen Menschen, die vor diesen Kisten haltmachten, wühlten darin, um seltene Briefmarken zu finden. Einige der Karten waren über hundert Jahre alt; es gab darin Neujahrsgrüße eines Pierre an eine Marie aus dem Jahr 1907, Liebesschwüre von Marie, die sie im Januar desgleichen Jahres an Pierre schickte, es gab Postkarten, die Soldaten 1916 von der Front an ihre Familien schickten, jemand hatte 1923 eine Fahrradtour zum Mont-Saint-Michel gemacht und beschrieb in knappen Worten die Stationen seiner Reise und die Ärgernisse, die ein Unwetter verursachte, auf einer anderen Karte teilte jemand anderes einem Monsieur Vedrin mit, dass er mit seiner Kompanie nach Indochina gehe, Monsieur Vedrin möge deshalb dringend Geld an T. senden – private Mitteilungen von längst Verstorbenen, deren dringliches Präsens den vergilbten Postkarten und ihren Botschaften eine seltsame Gegenwärtigkeit gab.

Eine dieser Karten war in Granville, einem Badeort im Norden Frankreichs, abgeschickt worden. Ihre Vorderseite zeigt einen Felsen und das Plat Gousset bei auflaufendem Wasser. Auf der Rückseite steht nur ein Satz: *Ne pas m'attendre jeudi. Baiser Jeanne.* Es ist eine Nachricht, wie man sie heute per SMS verschicken würde: Am Donnerstag nicht auf mich warten. Kuss, Jeanne.

Ich kaufte die Karte und steckte sie in meine Tasche, und als ich zu Hause war, zog ich sie heraus und legte sie, zusammen mit einer Hotelrechnung auf meinen Schreibtisch. Dort lag sie, und die Botschaft begann ein seltsames Eigenleben: Jeanne teilte mir jeden Morgen mit, ich möge am Donnerstag nicht auf sie warten. Aber warum nicht?

Die Botschaft galt einer Madame Cousin in der Rue Escudier in Neuilly, im Pariser Westen. Jetzt war sie wieder aufgetaucht, aus einer Kiste im Palais Royal, in die sie mit irgendeiner Haushaltsauflösung hineingeraten war, und begann ein Nachleben in einer Welt, an die sie nie gerichtet worden war. Ich versuchte mir, Jeanne vorzustellen. Und wer war Madame Cousin? Eine Freundin? Ihre Mutter? Die Karte wurde am 26. Mai 1939 abgeschickt, wenige Tage, nachdem der Stahlpakt zwischen Deutschland und Italien unterzeichnet wurde, ein paar Wochen, bevor in Versailles der Mörder Eugen Weidmann öffentlich guillotiniert wurde, wenige Monate vor Kriegsbeginn. Aber dieses lexikalische Wissen verriet nichts darüber, warum Madame Cousin nicht auf Jeanne warten sollte. Die Gründe konnten banal oder dramatisch sein. Vielleicht blieb Jeanne noch eine Woche bei ihrer Tante in Granville; vielleicht hatte sie sich verliebt, vielleicht plante sie, auf dramatische Weise Frankreich mit einem Mann übers Meer zu verlassen. Ich betrachtete die Buchstaben und versuchte herauszufinden, ob der Satz voller Ruhe oder in Hektik, entschlossen oder zögernd geschrieben worden war. Eine Freundin, die die Postkarte auf meinem Schreibtisch sah, behauptete, es sei dies die Schrift einer zu allem entschlossenen, gleichzeitig aber romantischen Person (schau dir, sagte die Freundin, nur den Verlauf der Schrift schräg über die Karte an), vermutlich sei sie klein und dunkelhaarig gewesen, halblange Haare, frech (wie sie jetzt darauf komme, fragte ich, und sie lachte und murmelte irgendetwas von Intuition).

Postkarten sind seltsame Zwitter: Vehikel zur Mitteilung privater Dinge, die aber öffentlich einsehbar sind, zumindest für den Briefträger. Es gehöre zum Wesen der gefundenen, nicht an einen selbst adressierten Postkarte, dass man über »unwahrscheinliche oder nur zu wahrscheinliche Familienromane, mit Detektivgeschichten, Schmuggelgeschäften, Intrigen« spekuliere, schreibt Jacques Derrida 1980 in seinem Briefroman *Die Postkarte von Sokrates an Freud und jenseits*. »Eine Postkarte – ein offener Brief, wo das Geheimnis erscheint, aber unentzifferbar«, sei »weder lesbar noch unlesbar, offen und radikal unverständlich«, sie sei »halb publik, halb privat, weder das eine noch das andere«. Dass diese sehr spezielle Form zwischen Privatem und Öffentlichem mit der Entmaterialisierung der Kommunikationsmedien verschwinden könnte, denkt Derrida schon 1980 mit: Bald werde es »kein Geld mehr geben, will sagen Scheine oder Münzen, und keine Timbres mehr« – wobei das französische Wort für »Briefmarke« gleichbedeutend ist mit dem Wort für Stimmklang: Beides ist Voraussetzung, dass einen etwas aus einer gewissen Ferne erreicht.

Tatsächlich haben sich in den vergangenen Jahrzehnten mit ihrer Entmaterialisierung die Rituale der halböffentlichen Nachrichtenübertragung verschoben: Die SMS ersetzt die Postkarte, wo sie mehr als ein Urlaubsgruß ist (und viele verschicken mittlerweile auch im Urlaub statt Postkarten Handy-Snapshots von ihren Füßen im Sand, der Freundin im Wasser, den Kindern mit einem Vanilleeis). Die halböffentliche Nachricht ist aus der Welt der Schrift verschwunden; dafür ist das Gespräch unterwegs, das früher den Schritt in die schallisolierte Telefonzelle erforderte, dank des Mobiltelefons immer öffentlicher geworden – überall gibt es die in Bahnhöfe, Fußgängerzonen und Zugabteile hineingeredeten Informationen: dass Berger pleite sei, Irene hoffentlich doch noch zurückrufe, Herr Sydentag oben links in der Hängeregistratur nachschauen und Schatzi ohne den Sprecher Abendessen solle. Gleichzeitig ist das Misstrauen gegenüber dem Informationsbedürfnis des spähenden Staats, das sich in den achtziger Jahren in Protesten gegen die Volkszählung und verfassungsrechtlichen Sonderkonstrukten wie der »informationellen Selbstbestimmung« ausdrückte, einer hysterischen schriftlichen Selbstentäußerung in den sozialen Netzwerken gewichen: Angesichts der kollektiven Ausplapperungsfreude auf Facebook würden sich Securitate- und Stasi-Agenten ungläubig die Augen reiben.

Aber gerade weil all die auf Facebook herumfliegenden Informationsfragmente aus anderen Leben offensichtlich keinerlei Geheimnis haben, wirkt die Botschaft auf der alten Karte so fremd. Anders als bei der Flaschenpost, deren Adressat ja von vornherein der Fremde ist und deren Botschaft – wie ein Facebook-Eintrag – alle Voraussetzungen zu ihrem Verständnis mitliefert, muss man bei einer gefundenen Postkarte über ein fremdes Leben spekulieren.

Die hastige handschriftliche Notiz, die noch nach über siebzig Jahren eine unmittelbare Dringlichkeit ausstrahlt, hat selbst ein seltsames Timbre: Der Ton der Aufforderung »nicht auf mich warten« trifft einen, obwohl man nicht der Adressat, der Zeitpunkt vorüber und der Absender vielleicht schon tot ist.

Der Schrift nach, sagt ein Freund, der sich mit Schrift auskennt, war Jeanne eine junge Frau; sie könnte heute noch leben. Aber im Ordnungsamt der Mairie von Boulogne findet man keine Daten über Madame Cousin.

Aber warum versucht man, sich vorzustellen, warum Jeanne am Donnerstag nicht nach Paris kam, und geht dieser Frage nach mit dem latenten Gefühl, etwas Verbotenes zu tun, so, wie man durch ein offenstehendes Tor in einen verwilderten Hinterhof tritt?

Ich fuhr also nach Neuilly. Das Haus stand stumm mit seinen schmiedeeisernen Balkonen in der schmalen Straße, ein Mann auf einem Motorroller knatterte gegen die Fahrtrichtung mit reglosem Blick auf ein Hochhaus zu, das es noch nicht gab, als Madame Cousin die Botschaft von Jeanne erhielt. Ich schaute die Fassade empor, der Himmel war blau, Wolken zerrten vorbei. Vor der Tür stieg ein alter Mann aus einem weißen Renault-Lieferwagen, im Eingang eines Nagelstudios im Nebenhaus stand, zwischen zwei ambitioniert frisierten Buchsbäumen, eine junge Frau in einem hellblauen kurzen Kleid und telefonierte mit ihrem Mobiltelefon, das sie ein wenig von ihrem Ohr weghielt, als sei das Gespräch dann besser zu verstehen; das Display tauchte die Hälfte ihres Gesichts in ein mattes, kaltes Blau. Sie wartete offenbar auf Kundschaft, ihre Beine waren noch blass vom Winter, und offenbar fror sie ein wenig; man sah auf ihren Armen eine leichte Gänsehaut.

Am Ende der Rue Escudier, in der »Bar Le Panier«, wusste keiner von den Alten etwas von einer Madame Cousin, in der Teinturerie und in der Mercerie Tigibus auch nicht. Ich setzte mich auf einen Mauervorsprung und wartete. Ich wartete auf jemanden, der schon am Donnerstag vor sechs Jahrzehnten nicht kommen wollte. Ich schaute die Fenster des einfachen Hauses an, manchmal bewegten sich Gardinen, der Kopf eines Kindes tauchte auf, dann der Kopf der Mutter. Was tat ich hier?

Es wurde dunkel. Ich fuhr zurück nach Paris in meine Wohnung. Ich saß mit der Postkarte in der Hand am Fenster. Im Haus gegenüber gingen die Lichter an, ich sah, wie der Mann aus der Nummer 12 nach Hause kam, wie er, im Halbdunkel der Küche, sich einen Grappa einschenkte, den er ins Wohnzimmer mitnahm, wo auf einem Couchtisch aus Bambus eine Schale mit zerbrochenen Käsestangen zwischen zwei leeren Rotweingläsern stand, dann versank er in eine unbewegliche Position, nur sein Daumen raste über das Display seines Mobiltelefons. Am Donnerstag nicht auf mich warten.

Am nächsten Tag wachte ich früh auf. Über Paris wurde das Licht langsam heller, die Nacht zog sich in die dunklen Seitenstraßen des 15. Arrondissements zurück. Ich zog mich an, steckte die Postkarte ein und ging vor zum Boulevard Montparnasse. Es war sechs Uhr morgens, die »Rotonde« hatte noch geschlossen, vor der »Bar à Huitres« spritzte jemand mit einem Gartenschlauch Eisreste und die Brösel heruntergefallener Austernschalen in den Rinnstein. Es war die Stunde der grünen Mülltonnen und der weißen Kleintransporter; die *éboueurs* fegten mit ihren hellgrünen Besen den Dreck der Nacht in die Gosse, und in den engen Seitenstraßen wurde der Wintermorgen vom Warnblinkerlicht der verbeulten Kleintransporter erhellt, aus denen die Bäcker ihre Baguettekisten und die Floristen meterhohe Lilien luden. Es war die Stunde, in der sich Paris auf den Ansturm des Tages vorbereitete. Kaum ein Café hatte offen, nur das »Select«. Ich bestellte an der Bar einen Kaffee. Hinter dem Tresen war ein gleichmäßiges Schnaufen zuhören, ein ruhiges, schnurrendes Geräusch. Auf der breiten Lehne einer Sitzbank lag eine Katze und schlief, mit einem seltsamen Weltvertrauen, das den einsetzenden Lärm der ersten Gäste ebenso ignorierte wie den Schwall der Geräusche, der mit jedem Mal, wenn die Flügeltür der Bar aufschwang, lauter wurde: ein schlafender Körper im öffentlichen Raum. Ich hatte sie schon einmal gesehen, spätabends, als sie auf dem Tresen hinter einer Reihe leerer Cognacgläser saß, neben einem angeknitterten Mann und einer Frau, deren Mohairpullover eine Schulter freigab. Der Kater hieß Mickey, wie die Maus, er war den Besitzern des »Select« 1993 zugelaufen. Niemand wusste, woher er kam. Am Anfang verschwand er immer mal wieder für ein paar Tage, aber dann war er geblieben, und jetzt war er alt und verließ das »Select« gar nicht mehr, auch nachts nicht. Die alten Damen aus dem Quartier nannten ihn »Le Chat d'or«, sie schrieben ihm, wenn sie verreisten, Postkarten, die schon zwei Alben füllten. Er war ein großer Kater, fast zu groß für eine Katze, er erinnerte an ein würdevolles Raubtier, und für eine Katze war er gespenstisch alt; die Bar schien ihn zu konservieren, was draußen passierte, interessierte ihn nicht. Es war ihm egal, ob Strauss-Kahn mit Marcela Jacub eine Affäre hatte oder nicht, und egal, wie der neue Renault Clio aussah und was in der Banlieue passierte. Alles, was seine Existenz im »Select« nicht behinderte, war ihm egal, auch die Postkarten, die der Barkeeper ihm vor die Nase hielt und die er mit zusammengekniffenen Augen ignorierte. Er hatte ein würdevolles Desinteresse an der Welt, das nur von Anfällen vertrauter Anschmiegsamkeit unterbrochen wurde – schnurrende Anwandlungen, deren Ziel jeder Fremde werden konnte, wenn er im richtigen Moment da war, und die so schnell vorüber waren, wie sie einsetzten.

Ich verbrachte noch einen Tag vor dem Haus in der Rue Escudier; ich saß im Auto und observierte das Haus. Irgendwann erschien ein älterer Herr mit einem grauen Pullover und grauem Schnurrbart. Frage, ob er eine Madame Cousin kenne, die in diesem Haus lebte? Erstaunter Blick; allerdings sei das aber mindestens ein halbes Jahrhundert her. Hervorholen der Postkarte, noch erstauntere Blicke, aha, 1939 – da müsste er seine Frau fragen. Ihrer Familie gehörte das Haus und auch der Schuhladen gegenüber in der Straße, er lebte seit den fünfziger Jahren hier, seine Frau war in der Nummer 32 aufgewachsen, allein mit ihrer Mutter, weil der Vater die Familie verlassen hatte, aber sie lebte ihr ganzes Leben in diesem Haus, mit einer Pause von ein paar Jahren im Krieg, als die nahen Renault-Fabriken auf der Île Seguin von den Alliierten bombardiert wurden.

Das Haus, innen: ein blassblau gestrichenes Treppenhaus, in dem der scharfe Geruch von Reinigungsmitteln sich mischte mit der modrigen Eleganz des Geruchs von altem Holz. Die Wohnung liegt im ersten Stock, im Flur zwei Haken, an einem hängt die Schiebermütze, die er trägt, wenn er rausgeht. Seine Frau kommt, eine reizende alte Dame, Madame Cousin, sagt sie, ja, allerdings: habe damals oben in einer der Wohnungen gelebt, eine schon ältere Dame, eine Zeit lang habe sie mit einer anderen, jüngeren Freundin dort gewohnt, die beiden seien aber nicht besonders gesprächig gewesen.

Ihr Enkel kommt vorbei. Seine Frau ist Japanerin, er ruft der Urenkeltochter etwas auf Japanisch durch den Korridor hinterher; die Kleine hält eine Metro-Karte in die Luft. Ihre Urgroßmutter schaut erfreut und gütig. An eine Jeanne kann sie sich nicht erinnern.

Hat man einen Gang betreten, will man wissen, wohin er

führt, auch wenn nicht klar ist, was man an seinem Ende sucht.

Auf dem Einwohnermeldeamt von Boulogne ist herauszufinden, dass eine Jeanne Marie Goreguès damals in der Rue Escudier gewohnt habe, die Akten lägen jedoch in der Bürgermeisterei des 18. Arrondissements.

Fahrt mit der Metro, quer durch Paris, ins 18. Arrondissement. In den Gängen spielt einer Gitarre, der Hall bricht sich an den weiß gekachelten Wänden und wird zu einem seltsamen Echokunstwerk, in das sich das melancholische Moll des Warntons der Metro mischt, der jedes Mal erklingt, wenn sich die Türen schließen. Man kann mit geschlossenen Augen sagen, dass man sich in den unterirdischen Gängen der Metro befindet; in London, New York, Berlin riecht die Untergrundbahn anders, nur in Paris liegt der stickige Duft von warmem Gummi, der von den Reifen der Waggons kommt, in allen Gängen.

An der Place Jules Joffrin liegt die Mairie du XVIII. Arrondissement, ein Bürgermeisteramt, dessen Architektur prachtvoller ist als der Regierungssitz zahlreicher Kleinstaaten. Das Archiv ist im zweiten Stock untergebracht; der Archivar hievt mit lässiger Geste einen schweren Folianten von der Leiter, der ihm beim Aufschlagen fast entgleitet, Band G, wie Goreguès, *voilà*. Ein Dokument berichtet, dass Jeanne Goreguès, sechsundvierzig Jahre alt, Angestellte bei der französischen Staatsbahn, geboren am 2. Dezember 1880 in Boqueho, Côtes du Nord, verwitwet, ehemals mit Léonard Achille Trolet verheiratet, der am 12. Juni 1917 starb, dass also diese Jeanne am 31. Juli 1926 um 10.44 Uhr morgens den 1891 geborenen, seit 1924 verwitweten Eisenbahner Edouard Alexandre Leon Merlier heiratete.

Ein anderes Dokument, Akte Nummer 10596, belegt, dass im 14. Arrondissement im gleichen Jahr 1926 ebenfalls eine Jeanne Goreguès lebte, die 1907 geboren wurde, siebenundzwanzig

Jahre nach Jeanne aus Boulogne. Wir wissen jetzt: dass Jeanne vielleicht eine Tochter mit dem gleichen Namen hatte (bei Männern ist so etwas üblich, aber bei Frauen?); dass ihr erster Mann vermutlich im Ersten Weltkrieg gefallen ist, an einem Dienstag im Juni 1917, als die Franzosen bei Cerny fünf Gegenangriffe führten, »die sämtlich verlustreich im Feuer und Nahkampf scheiterten«, wie der deutsche Heeresbericht vermerkt.

Jeanne und ihr elf Jahre jüngerer Kollege waren also beide verwitwet. Sie heirateten am 31. Juli 1926; später lebte Jeanne nicht mehr bei ihm, sondern bei der älteren Madame Cousin. Vermutlich schickte diese Jeanne ihr im Mai 1939 im Alter von neunundfünfzig Jahren eine Postkarte aus Granville. Mehr ist nicht zu erfahren: Was Jeanne in Granville tat, verschwindet im Nebel der Geschichte. Und was, wenn die Jeanne, die da an Madame Cousin schreibt, gar nicht die Jeanne ist, die bei ihr lebte, sondern eine andere, die Tochter der Nachbarn etwa, um die sich Madame Cousin kümmerte?

Das Amt weiß es nicht, das Haus verrät nichts. Auf dem Schreibtisch bleiben die Postkarte und ein Foto des Eingangs der Rue Escudier 32, über beidem hängt eine ständige Unruhe und die diffuse Ahnung, dass das spekulierende Eindringen in das verborgene Leben dem eigenen eine andere Richtung geben könnte.

JAPAN, TOKIO

JAPANISCHER
RAUM

ch wachte um drei Uhr morgens auf. Wer aus dem Westen nach Tokio fliegt, bekommt einen Jetlag, der sich als seltsame Euphorie bemerkbar macht. Um vier Uhr morgens spätestens ist man munter. Ich sollte Yoshiharu Tsukamoto um vier Uhr nachmittags in seinem Haus treffen, das waren noch zwölf Stunden. Ich setzte mich ans Fenster und schaute dem gleichmäßigen roten Blinken der Positionslampen an den Spitzen der Hochhäuser zu. Irgendwo in der Dunkelheit lag der Fujiyama. Ich schaltete den Fernseher an, es lief die Übertragung eines Sumokampfes; die dicken Kämpfer stemmten die Arme auf die Oberschenkel und riefen »Hakeoi nokota«. Ich stellte den Fernseher wieder ab und machte das Radio an, es lief ein Lied des japanischen Rock'n' Roll-Stars Kazuyoshi Saito; später, nach der Atomkatastrophe von Fukushima, wurde er berühmt, weil er ein Liebeslied, das den Titel »I loved you all the time« trug, zu einem Protestsong gegen den Atomkonzern Tepco und seine Lügenpolitik umschrieb, jetzt hieß das Lied »It was a lie all the time«.

Man kann sich ans Fenster setzen und warten, bis die Sonne über der Tokyo Bay aufgeht, oder man geht in die Stadt. In den Bars von Roppongi und Ginza trifft man um diese Zeit allerdings nur Leute, die nicht schon, sondern noch unterwegs sind und sich dementsprechend benehmen, deswegen fuhr ich zum

Central Wholesale Market, der im Südosten von Ginza am Sumidagawa-Fluss liegt.

Der Markt ist der größte von ganz Asien und genau genommen das Gegenteil von Tokio, denn keine andere Dreizehn-Millionen-Einwohner-Metropole der Welt sieht so sauber und aufgeräumt wie Tokio aus. Wenn man im Frühling durch die Kirschblüten des Kaiserpalasts nach Nihombashi oder auf die Omotesando Avenue fährt, dann ist Tokio so pastellfarben und blitzsauber und ordentlich, als hätten zehntausend Schweizer Multimillionäre São Paulo mit Staubsaugern und Bürsten gereinigt. In Tokio sieht alles so idyllisch und geordnet aus wie in Zürich – wenn man nicht gerade in den glitschig schwarzen Hallen des Tsukiji-Marktes zwischen Benzingeruch und blutgetränktem Eis, Geschrei und Gedränge, Fischen und Muscheln und Meeresungeheuerlichkeiten aller Art verschwindet.

Den Markt gibt es seit Beginn der Edo-Regentschaft im 16. Jahrhundert, als Tokugawa Ieyasu, der erste Tokugawa-Shogun und Erbauer des neuen Tokios, den Fischern aus Tsukudajima und Osaka das Fischereiprivileg zur Versorgung des Edo-Palasts gegeben hatte. Es gibt tausendsechshundert Händler, die jeden Tag 2,2 Millionen Kilogramm Fisch verkaufen, darunter monströse Thunfische, die über dreihundert Kilo wiegen; neunzig Tonnen Verpackung stapeln sich jeden Tag in den Fischblutlachen, und wenn der Markt immer wieder der »Bauch von Tokio« genannt wird, dann möchte man gern einmal wissen, wie der Organismus aussehen muss, der so einen Magen hat.

Ganz Asien wird von hier aus mit Fisch versorgt, und weil allein die Japaner jährlich über elf Millionen Tonnen Fisch und dreihunderttausend Tonnen Krabben essen, ist das, was sich hier zwischen vier und sechs Uhr morgens abspielt, ein extrem rasanter kollektiver Verdauungsvorgang: Fische werden binnen weniger Sekunden auktioniert, zerkleinert und verpackt, dazwischen rasen die Händler mit seltsamen dreirädrigen Transportern herum, die selbst wie blechgewordene Meeresungeheuer aussehen und hauptsächlich aus einer Ladepritsche und einem Benzinfass bestehen, das, im Stehen bedient, gleichzeitig als Lenkung dient.

Der Markt ist eine eigene Stadt: Es gibt Thunfisch-Boulevards und Viertel nur für Muscheln, es gibt alle erdenklichen Ungeheuerlichkeiten, die man vielleicht besser in den Untiefen der See gelassen hätte, es gibt Meeresfrüchte und Getier, bei dem man doch lieber die Plastikverpackung essen würde, und auch an diesem Morgen stolperten ein paar Touristen an bananenförmigen Wabbelmuscheln vorbei und suchten den legendären Kugelfisch, den tödlichsten aller essbaren Fische. Der Kugelfisch ist das Lieblingsgruselthema aller Fischesser, die zum ersten Mal nach Japan kommen, er ist, wenn der Koch einen schlechten Tag hat, eine kulinarische Variante von russischem Roulette, nur dass die tödliche Kugel dabei nicht aus dem Revolver, sondern auf den Teller kommt. Wegen des hochgiftigen Tetrodotoxins, das sich in den Keimdrüsen und in der Leber des Kugelfischs befindet und beim Kochen nicht zerstört wird, dürfen nur speziell ausgebildete Köche das Kugelfischgericht zubereiten, trotzdem sterben jedes Jahr ein paar Japaner nach dem Verzehr des Fisches. Auf die Idee, den Kugelfisch überhaupt essen zu wollen, musste man aber auch erst einmal kommen, denn seine ganze Form ist eine einzige Weigerung, verspeist zu werden. In Stresssituationen presst das Tier ruckweise Wasser in eine sackartige Erweiterung seines Magens, pumpt sich auf und macht es dem Angreifer so unmöglich, ihn zu verschlingen. Gleichzeitig richten sich zahllose kurze Stacheln auf, so dass er spätestens im Schlund eines größeren Fisches steckenbleibt und ausgespien wird. Die uneinsichtigen Lebewesen, die ihn dann immer noch unbedingt verschlucken wollen, erleiden den Tod durch Tetrodotoxin.

Vor den Hallen lief dunkles Fischblut in das schmelzende Kühleis und vermengte sich im Neonlicht zu seltsamen Marmormustern. Die Händler trugen Baseballkappen und weiße Gummistiefel und riefen rituelle Versteigerungsformeln, die wie seltsame Kriegsgesänge klangen; vor ihnen lagen aufgereiht, mit aufgerissenen Mäulern und zerfrorenen Augen, Hunderte von tiefgefrorenen Thunfischen; sie waren weiß, oval und hart und sahen nicht wie Fische aus, eher wie Bomben.

Hinter einer der Bomben tauchte der australische Fischgroßhändler Hagen Stehr auf. Er trug eine goldene Rolex, die im glitschigen Halblicht der Halle glänzte.

— Kaufen Sie?

— Nein.

— Aha. Wo kommen Sie her?

— Hamburg.

— Ich bin auch aus Deutschland. Ganz früher.

Stehr stammt aus einer schlesischen Familie, er wurde nach nur sechs Jahren Schule als Zwölfjähriger auf eine Kadettenschule geschickt und auf der berühmten Viermastbark »Pamir«, die am 21. September 1957 südwestlich der Azoren sank, zum Matrosen ausgebildet. Da hatte sich Stehr schon in die französische Fremdenlegion abgesetzt. Er war im Kongo, in Korea und in Indochina, »sechs Tage, bevor die Franzosen aufgaben.«

1961, mit zwanzig, war er mit einem schwedischen Frachter nach Port Lincoln gekommen und hatte sein Geld damit verdient, in den von Haien stark bevölkerten Gewässern Südaustraliens nach Abalones zu tauchen. Das graue Fleisch der Seeschnecke, die in Japan Awabi heißt, gilt als Delikatesse und bringt viel Geld. Mit Abalones und anderen Aushilfsjobs finanzierte Stehr sein erstes Boot, danach hat er mit Thunfischfang und

Zucht im südaustralischen Port Lincoln Millionen gemacht. Er brachte frische Southern Bluefin Tunas aus Australien nach Tokio, und wenn die Kunden genug zahlten, wurden die Fische auch mit dem Flugzeug angeliefert; manche Fische kosten bis zu 30 000 Dollar. Jetzt besaß er sechzehn Schiffe und war einer der weltgrößten Thunfischlieferanten.

All das erzählte er, während über den Hallen die Sonne aufging und wir in einer winzigen Bude Sushi aßen; der Raum war kaum größer als ein normales deutsches Badezimmer. Die Händler hetzten zu den kleinen Kabinen, in denen Frauen und Männer wie in überdimensionalen Einweckgläsern saßen und die Verkäufe zusammenrechneten, während draußen der Fisch in Gebirgen aus Styroporkisten und Zellophanfolien verschwand.

Gegen sechs Uhr verließen wir den Markt. Ich ging zur Shiodome Station und fuhr ein paar Stationen nach Süden, um irgendwo zu frühstücken.

Im Hotel hatten sie mir einen Zettel mitgegeben, auf dem in japanischer Schrift stand, wohin ich an diesem Tag fahren wollte, aber den Zettel hatte ich in dem Taxi liegengelassen, mit dem ich zum Markt gefahren war, und als ich mich ein paar Stunden später in das nächste Taxi setzte, begannen die Schwierigkeiten. Aus dem Fenster des gelben Toyota Crown sah ich eine Menge Schriftzeichen, die ich nicht verstand, und der Taxifahrer sprach kein Wort Englisch. Er war ein älterer Herr mit einer dicken Brille, und bei allem, was ich sagte, nickte er freundlich und schaute mich erwartungsvoll an. »Aoyama Train Station, please«, sagte ich. »Tokyo Tower, please?«, fragte der Taxifahrer zurück und schlug weitere gängige Sehenswürdigkeiten der Stadt als mögliche Fahrtziele vor. Wir standen an einer Ecke bei der Kokugakuin-Universität, in der Nähe der Konsulate von Peru und Burkina Faso, draußen trieb der Wind die Kirschblüten über die Straße, jemand hupte, weil wir eine Einfahrt versperrten. Auf dem Rasen lagen ein paar Männer in Anzügen, sie hatten ihre Koffer ins kurzgemähte Gras gelegt und schliefen mit ausgestreckten Armen. Vor drei Tagen hatte die Kirschblüte in Tokio begonnen, und die Bäume an der Straße sahen aus, als hätte man ihre Äste in rosa Zuckerwatte getaucht.

Mir fiel ein, dass in der Nähe der Gegend, in der ich verabredet war, die Prada-Zentrale stand, ein von den Schweizer Architekten Herzog und de Meuron entworfenes Gebäude, das mit seinen dicken Glasrauten aussieht, als hätte man einen Eiswürfel mit einem Netzstrumpf gefangen. Ich zeichnete eine Kiste mit Rautenmuster auf einen Zettel und reichte ihn dem Taxifahrer. Die Augen des Fahrers leuchteten auf und formten sich zu euphorischen Kreisen. »Prada! Aoyama!«, rief er, nickte begeistert und legte den ersten Gang ein.

Obwohl ich eine Zeichnung hatte, war es nicht leicht, Yoshiharu Tsukamotos Haus zu finden. Das Taxi hielt wenige Minuten später in einem Wirrwarr aus Einbahnstraßen, Häusern und Oberleitungen, das 1–24–3 Higashi-Shibuya hieß und in dem das Büro des Architekten liegen sollte. Yoshiharu Tsukamoto und seine Frau Momoyo Kaijima sind berühmt für ihre Minihäuser, die auf sehr schmalen Grundstücken stehen. Weil Tsukamoto und Kaijima an das Minihaus glauben, wohnen und arbeiten sie selber in einem, und weil Minihäuser nun mal sehr schmal sind, findet man sie schlecht; der Taxifahrer fuhr dreimal an dem Haus vorbei, das man als Haus tatsächlich nicht erkennen konnte; dann setzte er mich mit einem »Hier!« vor einem Shintō-Schrein aus.

Der Name des Architekturbüros machte die Suche nicht einfacher. Tsukamoto und Kaijima haben ihr Atelier 1992 gegründet, und weil sie erstens Hunde mochten und zweitens damals sehr jung (nämlich siebenundzwanzig und dreiundzwanzig) waren und dachten, man könne einem Büro ja später immer noch einen seriösen Namen geben, wenn es sein müsse, nannten sie sich »Bow Wow«. »Bow Wow« heißt übersetzt »Wauwau«, und es machte keinen Spaß, in Shibuya nach dem Büro von »Bow Wow« zu fragen, denn die Bewohner der umliegenden Häuser kannten »Bow Wow« nicht und zogen sich nach den üblichen diffusen Richtungsangaben, die eine höfliche Form von »Keine Ahnung« sind, schnell in ihre Häuser zurück. Andererseits würde man, wenn ein erboster Japaner vor der Tür stünde, der einem »Wo ist Wauwau?« entgegenriefe, vielleicht auch schnell die Tür zuwerfen.

Ich brauchte jedenfalls etwas länger, um Yoshiharu Tsukamotos Haus zu finden, denn die Frontseite ist nur etwa drei Meter breit und versteckt sich am Ende einer Gasse zwischen zwei Häusern. Die Fassade des Drei-Meter-Hauses ist komplett mit Dachpappe überzogen, es sieht aus, als habe ein Origamikünstler das Haus in die aberwitzig schmale Lücke hineingefaltet. Neben der Tür ist so wenig Platz, dass man nicht mal den Namen Yoshiharu Tsukamoto in einer lesbaren Schrift anbringen könnte, es sei denn, man türmte die Buchstaben so phantasievoll übereinander wie die Etagen des Hauses.

Tsukamoto öffnete, bekleidet mit einem gestreiften Marin, die Tür. Es war elf Uhr morgens, der Architekt war offensichtlich gerade aufgestanden und widerlegte das verbreitete Gerücht, alle Japaner würden unmenschlich viel arbeiten. Tsukamotos Assistentin bat mich, meine Schuhe aus- und die bereitgestellten Pantoffeln anzuziehen, die mir genau sieben Nummern zu klein waren. Herr Tsukamoto schaute bedauernd an mir herunter, während ich mit den Pantoffeln, die als seltsame Dekoration an den vorderen Enden meiner Socken hingen, aus dem Vorflur ins Haus trat. Nach einem Haus sieht das Ding dabei eigentlich gar nicht aus, eher nach einem Panzer, der versucht, senkrecht zwischen zwei sturköpfigen Altbauten hindurchzufahren, und genau genommen ist es auch kein Haus, sondern ein bewohnbares Treppenhaus – wobei das, was Tsukamoto da an Räumen stapelt und ineinanderschneidet, erstaunlicherweise großzügiger und weitläufiger wirkt als manches dreimal so große Gebäude.

»Bow Wow« ist nicht nur mit kleinen Häusern, sondern auch mit Aktionen wie »Made in Tokio« bekannt geworden, in der die Architekten die schmalsten und sonderbarsten Gebäude von Tokio erforschten. Diesen seltsamen Bauten, darunter Läden, die nur einen Meter breit sind, fügte Tsukamoto noch einige hinzu, die er »Micro Public Space« nannte – zum Beispiel der »Manga Pod«, ein kleines Gebäude, dessen Wände aus Manga-Comics bestehen, ein zur Behausung gebogenes Regal, in dem man geschützt wie in einer Rettungsinsel sitzt und in Ruhe etwas lesen kann, während man auf einen Zug wartet. Eine andere Mikro-Architektur basiert auf dem Kotatsu, einem traditionellen japanischen Fußwärmer, der eigentlich nichts anderes ist als ein Tisch mit einer dicken Decke, unter die man im Winter seine Füße steckt. Tsukamoto erzählt, dass er als Kind tagelang im Kotatsu saß. Für japanische Kinder ist er eine Art Urhütte, die ihre Spuren im Denken der Baumeister hinterlässt; auch das berühmte Wohnhaus des Architekten Shigeru Ban, das statt Wänden Stoffbahnen hat, ist genau genommen ein großer Kotatsu.

Tsukamotos Haus ist wie eine intelligente Flüssigkeit in die Lücke gegossen. Wo die drei Bauten, die es umzingeln, Wände haben, läuft eine breite Treppe zum Dach hinauf, von der immer wieder Räume abzweigen; wo die anderen Häuser eine Lücke lassen, schaut Tsukamotos Haus sofort mit großen Fenstern in die Stadt. Hier oben sieht der Bau wie eine verglaste Betonhängematte aus, die zwischen die Altbauten gespannt ist. Alles ist offen, von jedem Plateau aus hat man den Blick durch die offene Treppe in die anderen Ebenen; je höher man wandert, desto privater wird es; ganz unten liegt das Büro, ganz oben das Schlafzimmer des Architekten. Die Treppe ist keine Treppe, sondern ein getreppter Wohnraum, über den man zwar auch nach oben kommt, der aber hauptsächlich unterschiedliche Wohninseln aneinanderreiht. Manche Stufen sind vier Quadratmeter groß, auf ihnen stapeln sich die zahlreichen CDs des Architekten; ein paar in realistischer Manier angefertigte Gemälde, die sitzende Frauen darstellen, bilden eine Kunstinsel; oben wird eine Lücke, in die sich das Haus hineinbeult, für einen Arbeitstisch genutzt.

Le Corbusier hat einmal, in der Villa Fallet La Roche am Pariser Square du Docteur Blanche, dem Hausbesitzer im obersten Stockwerk eine Nische gebaut, die er das »Nid d'Aigle« nannte, weil man von dort, wie aus einem Adlernest, die Eingangshalle und die Landschaft beobachten konnte. Bei Tsukamoto werden die gesamten oberen Etagen zu einem solchen Nest: Je weiter man durch das Haus nach oben wandert, desto schmaler wird die Treppe, bis sie zum Schluss nur noch eine Leiter ist, die aufs Dach führt – und dort ist der größte Raum des Hauses, die Terrasse, von der man einen schönen Blick hat über das Labyrinth der Dächer und in eine Gasse hinein, die »Darkness street« heißt, weil in sie trotz heftiger Beleuchtung kaum Licht dringt.

Wie dringend notwendig solche Häuser auch in Europa wären, zeigt das Zersiedlungselend der deutschen Vororte. Selbst wenig philanthropisch veranlagten Volkswirten wird ganz schlecht bei der Idee, wie viel kollektive Zeit und Nerven vernichtet werden, weil die Leute sich keine Häuser mit Garten und Terrasse im Zentrum von München oder Berlin leisten können und deswegen in gruselige Vororte mit unschönen Namen ausweichen müssen, die Trudelmoching, Karow, Buckow und Tristow heißen und ihre Bewohner über kurz oder lang verständlicherweise in Depressionen stürzen.

Weil das verknotete und verbaute Raster- und Gassensystem von Tokios Stadtvierteln selbst für Japaner oft nur ungefähre Angaben des Zielorts zulässt, gewöhnte ich mir in den kommenden Tagen an, mich nur noch in leicht darstellbaren Gebäuden zu verabreden. Viermal traf ich mich in der Herrenabteilung des Prada-Stores, ohne je etwas zu kaufen (auch beim vierten Mal begrüßten mich die Verkäufer mit der gleichen formvollendeten Höflichkeit, aber ihr euphorisches Lächeln war einem aufmerksamen, beunruhigten Blick gewichen). Auch Yumiko Shimizu traf ich dort, die, bekleidet mit einem feinen hellen Blazer, Caprihosen und sehr spitzen Schuhen, in der Herrenabteilung auf mich wartete. »Gott sei Dank kommen Sie endlich«, sagte sie zur Begrüßung, »fast hätte ich mir unten Schuhe gekauft.«

Yumiko Shimizu arbeitete für das Unternehmen Wonderwall, das von dem Innenarchitekten Masamichi Katayama gegründet wurde, der gern mit einem Maserati Quattroporte durch Tokio raste und unter anderem das »Drawer« entworfen hatte, das Yumiko mir zeigen wollte und das nach allem, was geschrieben wurde, als elegantester Laden galt, der in Tokio seit dem legendären, 1964 errichteten Hotel »Okura« gebaut worden war.

Yumiko wollte aber vorher einen Kaffee trinken. Wir gingen also in einen Kohi-Shoppu, der so hieß, weil er das ist, was die Amerikaner einen *coffee-shop* nennen; dort rauchte sie eine Zigarette nach der anderen und erzählte von dem Stadtviertel Akihabara, wo die Computer-Nerds wie Cyber-Junkies billige Ersatzteile und Programme für ihre Computer kauften. Sie, erzählte Frau Yumiko, seien Menschen, die nur in ihren Computerwelten lebten; sie kämen kaum ans Sonnenlicht, sähen insgesamt maulwurfartig aus und würden in den Cafés von Akihabara, damit sie während der kurzen Aufenthalte im wirklichen Leben keine Entzugserscheinungen bekämen, von speziell ausgebildeten Bedienungen, die sich als Computerspielheldinnen verkleideten, mit den Namen von Computerspielhelden begrüßt.

In der Straße, in der das »Drawer« stand, sah man, dass Tokio keine graue, sondern eher eine helle Stadt ist. Die Hochhäuser stehen nebeneinander wie feine Stalagmiten, zwischen denen sich mehrgeschossige Autobahnen und Golfplätze drängeln, die mit hohen Netzen ihr Umfeld vor unsachgemäß abgefeuerten Golfbällen schützen, und morgens, bei klarer Luft, sieht man, dass auch diese Stadt irgendwo ein Ende hat, spätestens dort, wo der verschneite Gipfel des Vulkans Fuji leuchtet. An diesem Morgen hing aber ein feiner Dunst über der Stadt, den es oft gibt und den man früher elegant und geheimnisvoll fand, bis Fukushima, jetzt denkt man an den unsichtbaren Film, der über allem zu liegen scheint, an die erhöhte Radioaktivität, die sie in den Fischen aus dem Pazifik nachgewiesen haben und die im Sushi und in den Früchten strahlt. Es hatte Proteste gegen die Betreibergesellschaft Tepco, gegen ihre Lügen und Heucheleien und ihre bigotten Entschuldigungsverbeugungen gegeben, aber darüber wurde nicht berichtet, weil die Tepco auch Teile der Medien kontrolliert, sagte mir Masao, ein Freund, den ich vor vielen Jahren in Florenz kennengelernt hatte, wo er Italienisch lernen wollte, aber nur Autozeitungen las.

Wir waren am frühen Abend in der »Orchid Bar« des Hotel »Okura« verabredet, das 1964 für die Olympischen Spiele in Tokio gebaut worden war und bis zu seinem Abriss 2015 sicherlich das eleganteste Hotel der Welt war. Die Gäste werden von der Drehtür hineingewirbelt auf einen dicken, weichen Teppich, der den Lärm, das Flutlicht, das Gehämmer der Welt draußen zu schlucken scheint, sogar die Angestellten gleiten höflich nickend und vollkommen lautlos über den Boden und verschwinden in den Tiefen der Halle. In der Lobby standen ein paar leere Sessel herum wie weidende Tiere in der Savanne. Das Licht fiel honigfarben auf die dunklen Wände, Telefone mit giftgrünen Bakelithörern, auch sie von 1964, hingen arbeitslos an der Wand.

Masao kam spät, er sah übermüdet und ein wenig verwirrt aus. Er trug Ansätze eines Dreitagebarts, der ihm gut stand; als ich ihn 1991 in Florenz kennenlernte, war nicht einmal die Spur eines Flaums in seinem Gesicht zu entdecken gewesen. Er schaute fahrig auf das Regal mit den Whiskeyflaschen, das links neben einer Miró-Reproduktion in die Vertäfelung eingelassen war, und erzählte von einer Nachbarin, die Nami hieß, die gegenüber von ihm wohnte; er zeigte mir ein Foto, das eine junge Frau in einem gemusterten Badeanzug zeigte; einmal war er mit ihr ans Meer gefahren, aber jetzt war sie mit einer Frau zusammen.

Masao schlug vor, in einem Restaurant in einem neuen Hotelturm, in dem er eine Kellnerin kannte (oder kennenlernen wollte, genau hatte ich es nicht verstanden), zu essen. Wir fuhren zum Bahnhof von Shibuya, der vor allem wegen des Hundes Hachikô bekannt ist. Der Hund, erklärte Masao mir, gehörte einem Professor der Universität von Tokio, der jeden Abend mit dem gleichen Zug nach Hause kam, und jeden Abend wartete der treue Hund am Bahnhof auf seinen Herrn. 1935 starb der Professor, aber der Hund lief noch sieben Jahre lang jeden Abend zum Bahnhof und wartete dort lange und vergeblich; als er schließlich auch starb, stopfte man ihn aus und stellte ihn als Beispiel einer großen Sehnsucht und Treue ins National Science Museum. Am Bahnhof wurde ihm ein Denkmal errichtet, seine Geschichte wurde mit Richard Gere in der Rolle des Professors verfilmt, und jedes Mal bekommen die andächtigen Touristen, denen die Geschichte erzählt wird, feuchte Augen. Dabei, sagte

Masao, sei es wohl eher so gewesen, dass der Hund nur so lange zum Bahnhof gekommen sei, weil ihn der dortige Metzger mit Fleisch versorgte, aber wenn man das erzählt, sind die Touristen immer etwas enttäuscht, dass hinter dem anrührenden Beispiel für bedingungslose Treue am Ende doch wieder nur Lust auf Fleisch stecken soll. Aber auch das ist ja vielleicht eine interessante Wahrheit.

Wir gingen durch den Meiji-Park, der aussieht, als befinde man sich nicht in Tokio, sondern in einem verwunschenen, fernöstlichen Urwald zu einer grauen Vorzeit, in der alle, die überhaupt wissen, was Zeit ist, jederzeit von einem Drachen aufgefressen werden können. Und wie alles, was besonders natürlich und urwüchsig aussieht, ist natürlich auch der Meiji-Park eine Erfindung der romantischen Moderne und wurde erst 1920 angelegt. Wir gingen durch ein Tor aus jahrtausendealtem taiwanischen Holz, die Besucher des Schreins schrieben ihre Wünsche auf Holzbrettchen, warfen eine Münze, verneigten sich vor dem Altar und klatschten, wie es der Brauch verlangt, zweimal kurz und diszipliniert in die Hände, so, als wollten sie die Shintō-Götter höflich aufwecken, damit die den Wunsch auch sicher hören. Im Hof des Schreins wehte ein leichter Wind und schraubte Kirschblütentornados über den hellen Kies und bog die Zedern in Richtung Osten; von der Stadt war nichts zu hören.

Den späteren Abend verbrachten wir in einem Restaurant, das sich als italienisches Ristorante herausstellte (»aber du isst eh immer nur Sushi«, sagte Masao tröstend). Die Kellnerin, die uns bediente, hieß Hiromi; sie hatte bei ihrer Ausbildung in einem Dresdner Hotel ein wenig Deutsch gelernt, und als wir sie fragten, ob wir bestellen könnten, verneigte sie sich formvollendet und sagte mit einem deutlichen sächsischen Akzent: »Mach mal ruhig, waste willst.«

Wer nicht italienisch essen möchte, bekommt im siebenunddreißigsten Stock kantonesische Küche serviert oder kann eine krumme alte Steintreppe hinunter in den sechsunddreißigsten Stock steigen, wo sich ein fensterloser Weinkeller befindet, in dem unter anderem ein paar Flaschen Cheval Blanc lagern und in dem es so kühl und weinkellerhaft riecht, als drücke das Grundwasser der Garonne seit Jahrhunderten in die Kellerwände; was die japanischen Hotelarchitekten imitieren, imitieren sie perfekt, auch den alten Keller nimmt man ihnen ab, sechsunddreißigster Stock hin oder her.

Es wurde Nacht. Wir saßen an der Bar im siebenunddreißigsten Stock des Hotels. Weit unten sah man den Shinkansen nach Süden fahren; das rote Blinken der Hochhäuser setzte ein, und die haushohe Leuchtreklame über der Autobahn begann zu flackern. Dann gingen die Lichter in den Büros und in den Wohntürmen an, und hätte man in diesem Moment ein Fernrohr gehabt, hätte man hineinschauen können in das Leben der Millionen Menschen, die aus der Provinz nach Tokio kommen und in Türme mit tausend Fenstern ziehen, einen Job suchen, ihr Glück versuchen, Shabu-Shabu in winzigen Wohnungen essen, mit röhrenden alten Toyotas über siebenstöckige Autobahnen fahren, ins Schleudern geraten, mit Freunden ausgehen, allein ausgehen, gar nicht ausgehen, zu viel Sake trinken, Bier trinken, sich in Kapselhotels übergeben, mit Fremden tanzen, mit den Falschen schlafen, traurige und wütende Lieder hören, laut und falsch in Karaokebars singen, nächtelang vor dem Computer hängen oder am Fenster sitzen und in die Nacht und die uneingelösten Versprechen starren oder in Minihäuser ziehen, in denen das ganze Versprechen von Tokio liegt.

ITALIEN, GAETA

IN
CY TWOMBLYS
BURG

**E**s war noch warm, als wir Twombly besuchten, der Wind, der aus Afrika wehte und über Hunderte von Kilometern feinen Wüstensand mit sich trieb, dehnte den Sommer in den Winter hinein, und während man sich in Deutschland schon fragte, ob jemand statt der Sonne Fünfundzwanzig-Watt-Birnen in den Himmel hineingeschraubt hatte, flimmerte in Gaeta die Mittagshitze über dem Meer und ließ die Konturen der Berge verschwimmen. Cy Twombly, hatten sie gesagt, wohne dort oben, gleich in dem Haus in der Kurve. Aber das Haus war kein Haus, sondern eine Wand ohne Fenster, mit einer schmalen grauen Blechtür, eher einem Eingangsschlitz. Wir klingelten, und es tat sich nichts. Die Wand stand da, als habe sie sich erschreckt vor dem Eindringling, man hörte den Wind in den Pinien, die Sonne schien auf die aprikosenfarbene Kirche, die früher vielleicht einmal rot gewesen war.

Es war nicht einfach, Cy Twombly zu treffen. Vor vierzehn Jahren, als seine Bilder in München gezeigt wurden, sollte er zur Eröffnung kommen, die Journalisten und die Neugierigen standen in der Rotunde der Pinakothek, nur Twombly tauchte nicht auf; später erfuhr man, dass er sich kurz unerkannt in die Menge gemischt hatte, die vor dem Museum wartete, und dann wieder in sein Hotel gegangen war. Twomblys Zurückgezogenheit war so legendär wie sein Werk. Er schoss zwar nicht wie Hunter S.

Thompson auf seine Besucher, aber es kam schon vor, dass er tagelang in die Berge flüchtete, um den Fotografen, die sich angekündigt hatten, zu entkommen.

Eine Viertelstunde verging vor der Blechtür. Dann tat sich etwas. Eine Stimme rief: »Tiger!«. Ein Schloss knirschte. Der Mann, der die sehr kleine Tür von innen öffnete, war ein Rumäne mit sehr großen Händen. Er führte uns durch eine verschachtelte Anlage aus grauen Lehmmauern und Treppchen und Höfen zu einer Pergola. Dort, im Schatten einer Hecke, saß, in blau gestreiftem Hemd und Shorts, Cy Twombly. Der Rumäne hat im richtigen Leben einen sehr komplizierten rumänischen Namen, deswegen nannte Twombly ihn Tiger. Tiger war Butler, Haushaltshilfe und Chauffeur in einem; er brachte den Gästen geeiste Feigen und Wein, er fuhr Twombly, der zwei Geländewagen, aber keinen Führerschein besaß, mit dem Wagen in die Stadt.

Früher lebte Twombly in Rom, aber seit im Keller seines Hauses eine Diskothek eröffnet worden war, verbrachte er die meiste Zeit in Gaeta, in diesem Haus, das ein Haus ist wie ein Kunstwerk von Twombly: labyrinthisch, mit endlosen Gängen, vollgestopft mit Büchern und Kunstwerken und Fundstücken. Früher bestand es aus mehreren kleinen Häusern, die zusammengewachsen sind, jetzt wirkt es wie eine Burg mit mehreren Befestigungsringen. Eigentlich war diese Burg in Gaeta, die so groß und labyrinthisch schien wie eine kleine Stadt mit verwinkelten Gassen, Gängen und Treppen und Winkeln, in denen sich die wildesten und rätselhaftesten Dinge stapelten, ein Ort voller Verweise und Erinnerungen und vager Spuren, vielleicht fühlte er sich deshalb dort so wohl.

Schon 1957, kurz nachdem er aus den Vereinigten Staaten nach Rom gezogen war, fuhr Twombly an diese Küste; hier entstand der berühmte Gemäldezyklus »Poems to the sea«, in dem sich wie Treibgut all das versammelt, was auf einer Leinwand bisher nichts zu suchen hatte: Geschmiertes und Beiläufiges, sexuelles Gekritzel, zielloses Kleckern und technische Berechnungen, Zahlenkolonnen, wie sie Handwerker auf Wände kritzeln. Twomblys Bilder erinnerten die verblüfften Betrachter der fünfziger Jahre am ehesten noch an römische Häuserwände mit ihren endlosen Farbschichten und Überlagerungen und Spuren, aber genau genommen hatte man so etwas noch nie gesehen: Das Beiläufige und Untergründige rückte ins Zentrum der Kunst, und dass der Schrott der Malerei, die Krakeleien, Schmierer und Kratzer, die Wollknäuel der Schrift so kunstvoll komponiert waren wie Gegenstände auf einem klassischen Stillleben, machte die Spannung dieser Werke aus.

Twombly lebte allein in seiner Festung über der Stadt. Im Innenhof standen türkisfarbene Gartenmöbel; manchmal öffnete sich ein Fenster zum Meer, das so blau in der Bucht lag, als habe Yves Klein es dorthin gemalt. Die Räume haben hohe Decken; auf dem alten Holztisch lag eine Ausgabe von T. S. Eliot. Der Fußboden war gefliest, es war angenehm kühl, und in fast jedem Zimmer stand ein Schlafmöbel, hier eine Liege, dort ein Himmelbett mit Baldachin; hier verbrachte Twombly seine Tage.

Manchmal malte er monatelang nicht. Er war kein manischer Arbeiter. Manchmal kam seine Frau vorbei, Tatia Franchetti, die in Rom lebte und 2010, ein Jahr vor ihm, starb. Sie hatten 1959 in New York geheiratet und im Dezember in Rom einen Sohn bekommen, Cyrus Alessandro, der in Rom lebt und Maler ist wie sein Vater. 1961 verbrachten sie die Sommermonate in Griechenland, auf den Kykladen und in Mykonos, seitdem beschäftigte sich Twombly immer mehr mit der Mythologie, die ihn schließlich auch nach Gaeta brachte, an die Küste des Odysseus, in diesen Garten, in dem es hundertzweiundvierzig verschiedene Palmen gibt. In Gaeta standen seit dem 4. Jahrhundert v. Chr. die Villen reicher Römer, Hadrian verbrachte hier den Sommer, 43 v. Chr. wurde in der Nähe Cicero, der in Formiae eine Villa besaß, umgebracht. Der Kern, das Fundament von Twomblys Haus, ist rund dreitausend Jahre alt.

Wenn Tatia ihn in Gaeta besuchte, brachte sie die Hunde mit, und sie hatte viele Hunde, die Hunde liefen ihr zu, Hunde, die jemand an der Autobahnausfahrt von Prima Porta oder auf dem Weg zum Flughafen ausgesetzt hatte. Manchmal kamen der Sammler, Lyriker und Ex-Beuys-Sekretär Heiner Bastian und seine Frau Celine aus Berlin vorbei. Bastian erkannte man schon von weitem an den radierenden Reifen seines Mietwagens, niemand fuhr schneller vom Flughafen Neapel nach Gaeta, und niemand schaffte es so wie er, sich während der Fahrt mehr auf der Gegenfahrbahn zu befinden als auf der eigenen Spur. Mit Bastian verbrachte Twombly Silvester in Neapel, wo auch Beuys mitfeierte, und Winter auf St. Barths, wo er jeden Tag mittags in der Baie St. Jean an einer Sandwichbude eine große Frau traf.

— Sie war wirklich sehr groß und ganz nett.

Der Name fiel ihm aber nicht mehr ein, der Beruf auch nicht. Hatte sie einen Beruf? Es war Naomi Campbell.

Öfter als Tatia kam Nicola Del Roscio vorbei, sein Assistent und Freund, denn einen Freund hatte Cy Twombly auch. Auch sie waren, auf ihre Weise, ein altes Ehepaar. Wie Cy Twombly wohnte Nicola in einem alten Palazzo in Gaeta, mit alten Ölgemälden und einem ausgestopften Löwen, er war hier aufgewachsen, er hatte Twombly 1979 auf das Anwesen gebracht, seitdem wohnte der ein halbes Jahr lang hier und die andere Hälfte des Jahres in Lexington, Virginia. Hier malte er die »Four Seasons«. Manchmal holte Del Roscio Twombly ab zu einem Pastaessen im Schatten der Banyan Trees, die er züchtete; manchmal, an heißen Tagen, saßen sie auf der Terrasse und schauten über die Bucht von Gaeta auf die karstigen Felsen der Monti Aurunci, die im Dunst verschwanden, oder in dem alten Haus, in dem Fresken von Sebastiano Conca an den Wänden schimmerten und ein Sofa aus Andy Warhols Pariser Wohnung stand.

Weil es an diesem Tag noch warm war, brachte uns Tiger ans Meer, in ein Strandlokal an der ehemaligen Römerstraße, die unterhalb der Steilhänge von Gaeta nach Sperlonga führt. Tiger steuerte den Toyota mit radierenden Reifen über die Serpentinen, und Twombly erzählte von Odysseus, der, als er dem Menschenfresservolk der Laistrygonen entkommen war, nach Norden, in das Reich der Circe, segelte, das hier in der Nähe gelegen haben soll. Am Rückspiegel von Cy Twomblys Toyota baumelte eine Stoffmaus, man weiß nicht, wer sie dorthin gehängt hatte. Homer, erzählte Twombly, schreibe, dass Circe in einem Palast wohnte, aber im Volksmund sei die Rede von einer Grotte, und Sperlonga, die Stadt am Meer, verdanke ihren Namen den unzähligen Natursteinhöhlen, den *speluncae*, die auch den grottendunklen deutschen Kneipen ihren Spitznamen gaben. Tiberius, fuhr Twombly fort, während er in einer Haarnadelkurve gegen die Seitenscheibe gepresst wurde, der ebenfalls einen Landsitz an diesen Stränden besessen habe, habe, wenn er nicht die Alligatoren in seinem Krokodilbecken beobachtete, eine kühle Grotte für Gastmahle herrichten lassen: Die Felshöhle wurde mit Fresken ausgemalt und mit Marmor ausgelegt. All das erfährt man auf einer Fahrt in Tigers Toyota.

Das versandete Restaurant, das man Ende der fünfziger Jahre hier gebaut hatte, heißt, wie alle Restaurants hier, »Miramare«. Twombly bestellte Spaghetti Vongole und redete über Martin Kippenberger, mit dem sich Beuys einmal in der »Paris Bar« angelegt habe und über die Queen Elizabeth 2, mit der er gerne eine Kreuzfahrt gemacht hätte, und über die Insel Malta, von der er sagt, sie sei »the asshole of the world«, Malta gefiel ihm

135

nicht, was ihm gefiel, war der neue BMW X5, den er gern kaufen würde, wenn er nicht so teuer wäre.

— Aber Sie könnten einen BMW bemalen, ein Art Car, dann bekommen Sie vielleicht einen umsonst von BMW.

— Ich bemale doch keine Autos. So was kann Frank Stella machen, ich kann das nicht.

Dann seine Frage:

— Do you know Franzi?

— Fränzi, das Modell der Brücke-Maler?

— Nein, die doch nicht.

Unduldsames Kopfkratzen, Aufs-Meer-Geblinzel.

— Franziska van Almsick!

Er hatte sie bei den Übertragungen der Olympischen Spiele im Sommer gesehen, und sie habe ihm leidgetan.

— Sie ist so eine phantastische Sportlerin.

Am Strand steht ein Plastikschwan, den er mag, ein später italienischer Plastiknachfahre des mythischen Schwans, der Leda verführte.

Im August 1952 kam Twombly das erste Mal nach Italien, zusammen mit dem Maler Robert Rauschenberg. Sie blieben bis zum Mai, lebten in Rom, fuhren nach Tanger, Marrakesch und Tetuan.

— Und warum zuerst nach Nordafrika und nicht nach Griechenland?

Aber so direkt gefragt werden mochte Twombly nicht. Eine Frage zu seiner Kunst ist ein Überfall, die in die helle Ruhe von Gaeta platzt. Eine Frage ist ein Loch, das jemand in das Gespräch bohrt. Twombly wird ärgerlich.

— Warum ich nach Marokko gefahren bin? Tja. Weil ich es wollte.

Es entsteht eine Pause, das Gespräch, die Erzählung, die im langsamen Tempo des heißen Nachmittags von Gaeta voranschreitet, muss sich erst von der Frage erholen. Über der Bucht hängen Kumuluswolken und Mofageräusche. Dann geht es weiter. Sie waren dann wieder in Rom, also. In Rom waren die alten Mauern, die winkligen Gassen; Rom war das Gegenteil der ordentlichen Reißbrettsymmetrie von Manhattan. Schon der Grundriss von Rom war ein Chaos, sagt Twombly, ein Palimpsest aus Stadtplänen, unter jedem Gebäude, unter jeder Straße steckten Dutzende anderer Gebäude, Straßen und Pläne, die man im Laufe der Jahrhunderte immer wieder überbaut hatte. Rom war wie das, was er zeichnete und malte: ein Labyrinth aus Spuren und Überlagerungen und halbverschwundenen Botschaften, eine überhitzte Projektionsfläche und ein Filter, in dem sich der Schmutz und die Abfälle und die flüchtigen Dinge gefangen hatten, bevor sie verschwanden.

Zurück in New York, stellten Rauschenberg und Twombly gemeinsam aus. Einmal, erzählte Twombly, habe er ein Bild von Rauschenberg, das schon verkauft war, übermalt. Am nächsten Morgen hing dort, wo ein Rauschenberg gehangen hatte, ein Twombly. Der Galerist war entsetzt. Er hatte einen Twombly gewonnen, aber einen Rauschenberg verloren. Man hätte den Twombly zerstören müssen, um den Rauschenberg freizulegen. Twombly, der Meister der Spur, des Verschwundenen, des Palimpsests, liebte diese Geschichte; keine Ahnung, ob sie stimmt. Zu Hause bei Del Roscio hängt ein kleines Gemälde von Picasso, ein spätes Frauenporträt, würde man sagen, aber Twombly hat es selbst gemalt, über eines seiner Bilder, das ihm nicht gefiel. Ein gefälschter Picasso, aber ein echter Twombly.

Ob er sonst einmal Lust gehabt habe, etwas Gegenständliches zu zeichnen?
— Nein, nie.
Ob er nur drinnen im Haus oder auch draußen, auf der Terrasse, male?

— Na klar, immer. Mit Hut und Monokel und Staffelei. Nein. Natürlich nicht (reizendes Grinsen). Nur drinnen.

Dabei hatte er lange kein richtiges Atelier hier gehabt, erst nach der Jahrtausendwende hatte Larry Gagosian, sein New Yorker Galerist, ihm eines besorgt, in einer alten Fabrikhalle in Gaeta.

Frage, die alle Kunsthistoriker umtreibt: Wie kam es zu dem rätselhaften, geheimnisvollen, großartigen Bild »Ferragosto, August notes from Rome«? Wann, unter welchen Umständen, warum entstand es?

— In Rom. Am 15. August. *It was a hot and violent day.*

Mehr ist nicht zu erfahren.

Roland Barthes, der zwei seiner schönsten Essays über Twombly schrieb, hat einmal gesagt, Twombly biete den Betrachtern den »Köder einer Bedeutung«. Man findet auch in »Ferragosto« Spuren der römischen Hitze, seltsame Zeichen, verschlüsselte Botschaften – und auf der Suche nach einer Geschichte, einer Bedeutung hinter den Andeutungen und Spuren und Fragmenten verläuft man sich im Labyrinth dieses Bildes, in dem sich wachgerufene Erinnerung und kollektives Wissen, Mythen und persönliche Erfahrungen zu immer neuen Bildern und Geschichten verdichten.

Der Abstand zwischen Betrachter und Bild ist kürzer als anderswo. Das alte Unbehagen, das Lessing in *Emilia Galotti* beschreibt – »auf dem Weg aus dem Auge durch den Arm in den Pinsel, wie viel geht da verloren!« –, trieb auch Twombly um. Mit Bleistift gekritzelte Schriftbruchstücke werden gar nicht erst zu Worten, sondern gleich zu Wellen, wandern wie Badende auf die blaue Horizontlinie zu und werden dabei von Wellen weißer Farbe erfasst. Twomblys Poetologie reißt die Barrieren zwischen Bezeichnung, Darstellung und Dargestelltem ein; es geht darum, die Distanz zu verkürzen, die Betrachter und Objekte normalerweise trennt, und diese Kompression erzeugt die Energie von Twomblys Kunst: Symbole laufen heiß, die Schrift verflüssigt sich und wird überflüssig, Bleistiftkringel rasen wie verrückt gewordene Sprechblasen durch Farbnebel. Das Abstrakte und das Unmittelbare, die Überlieferung und die Erfahrung werden in einer Geste kurzgeschlossen.

Dass einige von Twomblys Werken entfernt an verwüstete Bettlaken erinnern, dass einige Bilder geradezu buchhalterisch alle erdenklichen sexuellen Kritzeleien vereinigen, hat eine ganze Flut von Interpretationen entstehen lassen, die sich wie erotische Restaurantkritiken lesen. Aber so schwül wie seine Interpreten ist Twombly nie. Es ist nie einfach in diesen Bildern: Wo eine rauschende Farborgie in den Tönungen von Haut und Blut droht, dem Kitsch anheimzufallen, stolpern pedantische Zahlenkolonnen durchs Bild wie fleißige Handwerker, die in eine erotische Szene hineinplatzen. Neben Körperfarben und Sexualorganen dominieren ingenieurartige Zeichnungen, die an Berechnungen von Schatzsuchern und Hobbyphysikern erinnern. Vieles zeugt von dem Wunsch, ein Abenteuer in den Griff zu bekommen.

Es blieb lange hell an diesem Abend. Twombly machte ein paar Italiener nach, die »Ciao Mamma, come vai« in ihre Mobiltelefone krähten. Am Strand tobte ein dicker Römer mit seinen dicken Kindern durch den Sand und machte einen Höllenlärm; eines der Kinder versuchte einen Handstand, und die dicke Familie lachte und schrie herum und fuchtelte und freute sich.

— *Look at these Boteros.*

So, wie Twombly es sagte, war selbst das keine Beleidigung, sondern eine Liebeserklärung. Dann fuhren wir zurück. Am Abend schalteten wir den Fernseher an, aber Franzi war nicht zu sehen.

MEXIKO, TULUM

LANGBEINS
HÜTTE

Wir hatten Dennis Michael Langbein durch Zufall kennengelernt; die Hotels südlich von Puerto Morelos hatten keine Zimmer mehr frei, und als wir in Tulum eine Pause machten, erzählte uns eine Mexikanerin, es gebe hier unten am Strand ein amerikanisches Ehepaar, sie hätten drei Bungalows, einen würden sie vermieten. Also parkten wir den roten Volkswagen unter einer Palme und suchten den Mann mit dem Bungalow.

Das erste Haus, das wir am Strand sahen, war nicht Langbeins Hütte. Es war eine Betonruine ohne Scheiben, der Sand war ins Wohnzimmer geweht und hatte es in eine Dünenlandschaft verwandelt, die Steckdosen waren rostig braun.

Das Haus war nie fertig gebaut worden; der Mittelteil war aus rohem Beton, nirgendwo gab es Fenster, von den Betten im ersten Stock war nur noch der aus Beton gegossene Rahmen übrig.

Am Eingang der verfallenen Baustelle standen zwei Soldaten mit Maschinenpistolen. Im Ort sagten sie uns später, das Haus habe Raúl Salinas de Gortari, dem kriminellen Bruder des ehemaligen mexikanischen Präsidenten, gehört, er habe sich die Villa hier gebaut, um ungestört den Drogenhandel mit Kolumbien zu organisieren und Geschäftsabschlüsse zu feiern; im ersten Stock gab es nur Schlafzimmer und Jacuzzis.

Salinas de Gortari war 1995 festgenommen worden, weil er,

so die Anklage, seinen ehemaligen Schwager José Francisco Ruiz Massieu, einen Führer der PRI-Partei, hatte umbringen lassen; seitdem verfiel die Villa. Auch seine Frau, Paulina Castañón, war 1995 verhaftet worden, als sie in Genf versuchte, 84 Millionen Dollar von Konten abzuheben, die Raúl Salinas unter einem anderen Namen bei Pictet & Cie, der Citibank, Julius Baer und der Privatbank Edmond de Rothschild eingerichtet hatte. Sein Bruder, der Präsident Carlos Salinas, hatte damals den Bruder des Ermordeten, den Generalstaatsanwalt Mario Ruiz Massieu, mit dem Fall beauftragt, aber der floh bald aus Mexiko und wurde in Newark wegen einer Geldwäschegeschichte verhaftet, er starb 1999, angeblich ein Selbstmord. Raúl Salinas de Gortari wurde wegen des Mordes an seinem Schwager zu fünfzig Jahren Haft verurteilt (die er nie absaß).

Das sind die Geschichten, die sie einem hier erzählten, im Winter 2002, ein paar Monate nach den Anschlägen.

Wir gingen an Salinas' Haus vorbei. Ein Stück weiter unten trieb sich ein junges Paar im Wasser herum, offenbar Amerikaner; sie waren nackt, und der Soldat vor der Villa schaute ihnen mit zusammengekniffenen Augen zu. Der Mann im Wasser hatte ein weit vorstehendes Kinn und einen gewaltigen Nacken, und seine Oberarme, mit denen er wie ein Schaufelraddampfer durchs Wasser pflügte, hatten den Umfang der Taille der Frau. Er warf sich in eine Welle, die an ihm kraftlos zerschellte, und winkte die Frau ins tiefe Wasser, aber die wollte nicht. Der Soldat zog eine Augenbraue hoch, lehnte seine Maschinenpistole gegen die Wand und blätterte weiter in seinem Comic-Heft, in dem sich Frauen mit offenstehenden Mündern auf Satinbettwäsche räkelten.

Schließlich sahen wir Langbein. Er trug eine Badehose und einen langen Bart, er stand vorn am Wasser und stützte sich auf einen Spaten und betrachtete das Schlachtfeld der karibischen

Mittagshitze: Der Tang am Strand war verdorrt, die hellen Muscheln zerfielen zu Sand, die Quallen, die die Flut angespült hatte, verdunsteten in der Hitze. Langbein hatte eine Bräune, die aussah, als ob er die letzten Monate oder Jahre auf dem Wasser verbracht hätte, wenn man ihn sah, wusste man nicht, wie lange er hier schon lebte, niemand wäre aber auf die Idee gekommen, dass er erst nach den New Yorker Anschlägen hierhergekommen war, er sah aus wie jemand, der hier aufgewachsen war und noch nie etwas anderes als Badehosen und Bart getragen hatte. Er hörte uns nicht. Er schaute auf das Riff, wo sich die Wellen brachen, und das Meer war ruhig und klar und leuchtete hellgrün, wo das Wasser seicht war, und dunkler dort, wo das Seegras schwamm.

Hinten, im Gebüsch, sah man die Hütten. Es waren Hütten, wie man sie sich als Kind baut oder wie man sie im Kopf hat, wenn man eine Hütte zu bauen versucht, in denen man stundenlang als Kind sitzt und echtes Leben spielt, womit ein endloses Abenteuer jenseits aller Städte und Schulen und Benimmregeln gemeint ist. Dieser Mann schien mit diesem Hüttentraum des Kindes ernst zu machen, eine hatte er für sich und seine Frau gebaut, die andere vermietete er, eine war noch im Bau.

Wir mieteten die Hütte für eine Woche; Langbein, der so wenig redete, als mache es ihm Mühe, als müsse er sich an das Reden an diesem Ort erst wieder gewöhnen, erklärte uns die Dusche, versprach, am nächsten Morgen ein Frühstück zu machen, und verschwand.

Die Hütte stand dicht am Meer; sie war mit einem Grasdach gedeckt, durch das nachts der Wind wehte, und obwohl sie erst vor ein paar Monaten gebaut worden war, war das Holz in den langen heißen Tagen von der Sonne und der salzigen Luft ausgeblichen und schimmerte grau im Halbschatten.

Langbein hatte offenbar einen Hund, jedenfalls lag ein Hund

unter einem schattigen Busch im Sand und schlief, er lag mit der Nase im Sand, so dass immer, wenn er ausatmete, vor seiner Schnauze kleine Sandfontänen aufwirbelten.

Wir gingen am Strand zur einzigen Bar, die es damals in dieser Gegend gab. Langbein saß in »Ramiro's Bar« am Tresen und las eine Ausgabe des *Miami Herald Cancun*, auf der Rückseite waren die Türme des World Trade Center abgebildet, ein Artikel erklärte, wie sich Amerika seit dem 11. September verändert hat, aber das war ihm egal, er hatte Amerika verlassen, es war Winter in New York, aber hier war Sommer, der Wind kam aus Nordost, von Kuba her.

Langbein redete jetzt. Er erzählte, wie er am 11. September auf der Liberty Plaza zwischen Church Street und Broadway stand, wie er auf dem Weg zur Arbeit war, er war zu spät. Er sah die Menschen, die stehen geblieben waren und nach oben schauten, er sah wie sie das große, brennende Loch im Turm. Als das zweite Flugzeug in das World Trade Center rast, flüchtet er in eine Filiale der Citibank am Broadway, neben ihm schreien die Leute etwas von weg hier und Ruhe bewahren, Langbein stolpert, raffte sich auf, läuft weiter zum East River. Von dort aus sieht er, wie die Türme zusammenbrechen.

Langbein kündigte an dem Tag, als alles wieder beginnen sollte: als Rudi Giuliani auf die Menschen einredete, sie mögen wieder in die Restaurants und Cafés gehen, als die New Yorker Börse wieder öffnete und irgendwo ein Verrückter ein paar Briefe mit Anthrax verschickte – an diesem Tag, dem 17. September 2001, ging Langbein ein letztes Mal in sein Büro. Die Kollegen fragten ihn, was er machen wolle. Er fahre nach Mexiko, sagte er. Das, sagten die Kollegen und klopften ihm auf die Schulter, sei jetzt eine gute Idee: ein paar Tage ausspannen in der Sonne. Wann er denn wiederkomme? Gar nicht, sagte Langbein.

Am 11. September 2001 stand Olivia am Fenster ihrer Wohnung, 9th Street, Avenue B, und schaute in den sehr klaren Morgenhimmel. Sie hatte Dennis Langbein bei einer Silvesterparty 1998 kennengelernt, im »Miracle Grill« im West Village. Sie hatten das Wochenende miteinander verbracht, und als er sich am Montagmorgen ankleidete, musste sie lachen: Er trug einen Anzug und eine Krawatte. Er war Börsenmakler an der Wall Street. Er hatte es ihr erzählt, aber sie hatte es vergessen.

Dennis Michael Langbein, Sohn einer jüdischen Familie, wurde am 28. November 1960 in New Rochelle geboren, einer kleinen Stadt nördlich von New York, am Long Island Sound. Als er jung war, trug er einen Irokesenschnitt und nervte die braven Nachbarn; seine Nächte verbrachte er im »CBGB« in der Bowery. Mitte der achtziger Jahre beschloss er dann, sehr viel Geld zu verdienen. Er bekam einen Job an der Wall Street, ließ sich die Haare schneiden und ging bei »Brooks« einkaufen; morgens in der U-Bahn holte er ein Sakko und eine Krawatte aus seiner Sporttasche und verkleidete sich als Stock-Exchange-Manager (wenn seine Freunde aus den Punkclubs ihn so gesehen hätten, sagte Langbein hinter seinen Drink, hätten sie ihn verprügelt).

Es war ein sonniger Herbsttag, als sie frühmorgens aufbrachen. Das Laub der Bäume auf dem Tompkins Square begann sich zu verfärben, morgens hing der Tau im Gras, über das rote und gelbe Blätter verstreut lagen und eine Schicht grauer Staub, der von den Türmen stammen musste. Ein paar Tage zuvor waren sie in den Ort gefahren, wo Langbeins Schwester mit ihrem Mann lebte, einem Vorort, in dem die Menschen Fahnen vor die Tür gehängt und Aufkleber auf die Autos geklebt hatten, auf denen »God bless America« stand; er hatte seiner Schwester, einer rechtschaffenen und ängstlichen Frau, ihren Geländewagen abgekauft, einen Isuzu mit Allradantrieb, der noch nie etwas anderes als Teer unter die Räder bekommen hatte.

Am 21. September 2001 heiratete Dennis Olivia. Dann fuhren sie los, mit dem Isuzu, der ein bisschen wie ein moderner Planwagen aussieht, so wie die Siedler, die einst nach Westen aufbrachen, von New York durch Pennsylvania, über den Mississippi, durch Louisiana und Texas, vorbei an Memphis, Rio Grande, über die mexikanische Grenze bis nach Yucatán. Es ist Herbst in New York, aber Sommer in Mexiko.

Langbein war früher schon einmal in der mexikanischen Karibik gewesen, er kennt einen Architekten aus Cancún, der hier ein Stück Land besitzt; von ihm kaufen sie einen Streifen Land am Meer. In den Wintermonaten bauen sie drei Bungalows, die komfortabelsten und schönsten dieser Küste, mit Strom und Dusche und Doppelbetten und einem Blick von der Veranda über die Palmen und den Strand aufs Meer.

Eigentlich wollte Olivia Schauspielerin werden. Sie war auf guten Schulen, sie hatte gute Erfolge, sie feierte Weihnachten mit dem Schriftsteller Bret Easton Ellis und seinen Freunden in Ellis' Apartment – und irgendwann hatte sie keine Lust mehr auf den ganzen hysterischen Theaterwahnsinn und die Menschen, die möglichst Batman-artig lässig in die Gegend schauten und viel lieber in West Virginia mit ihrer Familie einen Truthahn angeschnitten hätten und danach in eine kleine weiße Holzkirche gerannt wären. Weihnachten mit Bret Easton Ellis!
    Olivia beschloss, eine Ausbildung zur Masseurin zu machen und New York zu verlassen.

Einmal kam, wie ein ängstlicher Expeditionstrupp, seine Familie zu Besuch und schaute, was er in Mexiko machte. Seine Antwort war: Nichts. Ein andermal tauchten Freunde aus New York auf, brave Menschen, die es nicht leiden konnten, wenn ihnen

Sand in den Socken hing. Sie standen ratlos unter den Palmen und blinzelten mit roten Augen in die Sonne wie Kaninchen, denen man nachts eine Taschenlampe vor die Nase hält; sie reisten schnell wieder ab. Dann wurde es ruhig.

Langbein begann, das Datum und die Tage zu vergessen, er genoss es, auf das offene Meer zu schauen und mit Olivia am Strand zu leben. Er beobachtete die Pelikane, deren Schatten über den weißen Sand flogen und in den Palmen verschwanden, hinter dem Haus, wo bei den Mangrovenbäumen der Urwald beginnt. Die Pelikane kamen jeden Morgen; sie standen einen Moment lang regungslos in der Luft, dann stürzten sie in die Wellen, als sie wieder auftauchten, sah man die Fische, die noch zappelten, bevor sie in der großen Halstasche verschwanden.

An seine erfolgreichste Zeit dachte er selten.

Damals war er Börsenmakler, in den achtziger Jahren, als sie Sakkos mit zu breiten Schultern trugen, als die Börse boomte und das Geld tonnenweise auf die Konten rasselte, als es genügte, ein drittklassiger Schauspieler zu sein, um Präsident zu werden, als die Zahlenkombination 9/11 noch nicht für das Ende der Unschuld stand, sondern für die wichtigste Trophäe, die man für Geld bekam: den Porsche 911, mit dem seine Kollegen in die Hamptons rasten, am Bootsanleger parkten und mit dem Privatboot zum Lobsteressen zu »Matthew's« auf Fire Island fuhren, um dann, während schon die Sonne aufging, mit offenen Scheiben, Arm aus dem Fenster hängend, schlaflos und unrasiert, aber im Anzug, über den Sunrise Highway wieder zurück nach Manhattan und direkt in die Tiefgarage von Morgan Stanley zu fahren, Millionensummen verschieben.

So erzählen sie es jedenfalls heute gern, wo man bei der krummen Zahl 911 nicht nur an Porsche denkt, sondern auch an die amerikanische Notrufnummer und an den 11. September.

Einmal war Langbein mit einer Französin verheiratet gewesen, aber die Französin war verrückt. Einmal hatte er ihren Vater kennengelernt, einen Exmilitär, der sich nichts Schlimmeres vorstellen konnte als einen amerikanischen Expunker zum Schwiegersohn zu haben, der irgendetwas an der Wall Street machte und nicht einmal Champs Élysées richtig aussprechen konnte. Eines Morgens stand die Französin auf und sagte, sie müsse jetzt zurück nach Frankreich, und dann war sie verschwunden.

Als wir Olivia kennenlernten, verdiente sie ihr Geld damit, die wenigen Touristen zu massieren, die in diese Gegend von Tulum kamen. Langbein überwachte die Bauarbeiten, so gut es ging. Er spricht kaum Spanisch, und er mochte die Handwerker in dieser Gegend nicht: Wenn man sie fragt, wann die Arbeit fertig sei, sagen sie *mañana* und gehen weg und klauen alles, was nicht einbetoniert ist, sagte er. Die Bauarbeiter kosten Langbein ein Vermögen: Sie haben nicht die teure Sickergrubenanlage eingebaut, sondern eine billige, die Abflüsse verstopfen, Langbein gräbt sie selbst aus: *shitholes in paradise*. Das erste Mal war Langbein 1990 nach Tulum gekommen, er dachte, er kenne die Gegend und die Menschen, aber er hatte sich verrechnet; die Kosten für die Bauten am Meer waren enorm, aber der Verarmungsprozess hier, am Meer, im Sand der Karibik, war zu angenehm, sagte er, um bedrohlich zu wirken. Es war zu schön. Nachts stand der Mond über den Hütten, und die Palmen warfen dünne Schatten in den weißen Sand, und es war nicht dunkel, eher eine entlichtete Helligkeit, wie es sie nur hier unten und in unscharfen Träumen gibt: so dunkel wie ein bedeckter Tag, durch eine starke Sonnenbrille betrachtet. Der Wind wehte durch das Grasdach der Veranda, die trockenen grauen Halme bewegten sich im Wind und rauschten wie ein Regenschauer. Hinter den Bäumen glühten kleine Lichter, und man hörte die glucksenden Geräusche des Urwalds, in den niemand ging, weil es hieß, es gebe Zecken dort und giftige grüne Schlangen.

Morgens saß Olivia auf der Veranda. Sie war durchtrainiert, aber nicht hager, sie sah aus wie die schwedischen Schwimmerinnen, die es schaffen, gleichzeitig muskulös und buttrig weich auszusehen. Sie lächelte, und ihre Zähne leuchteten aus dem dunkelbraun gebrannten Gesicht heraus, als hätte jemand in ihrem Mund Licht angeschaltet. Sie wartete auf die Touristen, die sich für den Abend angekündigt hatten. Sie kamen zu den Massagen aus dem nahen Hotel »Nueva Vida de Ramirez« herüber; sie legte dann beruhigende Musik auf und bereitete duftende Salben vor. Dann verschwand sie im Dunkel des Palmenhains, ihr blondes Haar leuchtete zwischen den schwarzen Blättern.

Olivia massierte ein paar Leute, um ein bisschen Geld zu verdienen. Ansonsten waren die Hütten Orte, an denen man sehen konnte, wie ein Leben ohne Arbeit aussehen würde, schon deswegen, weil es viel zu heiß zum Arbeiten war.

Eine Woche lang wehte kein Wind, und es wurde immer heißer. Allein die Idee, zum Auto zu gehen, erschien mit Blick auf den kochend heißen Sandweg unmöglich, deswegen staubte der rote Volkswagen langsam ein und verlor jeden Tag ein bisschen mehr von seiner Farbe, bis er fast so weiß war wie die Piste, über die alle paar Stunden ein Baufahrzeug fuhr.

Die Zeit verging langsam, sie zerfiel wie die Muscheln im Sand. Vormittags schwammen wir weit hinaus, bis dorthin, wo das Wasser kühler war und wo man auf dem Grund die schmalen kleinen Schwertfische und rote Seesterne sah. Wir aßen Mangos und Papayas und schauten dem Hund zu, der die wenigen Meter zum Strand hinunterlief und mit den schwarzen Kokosnüssen spielte, die im Ufersaum schwammen.

Einmal tauchten unten am Strand ein paar Jungen mit verfilzten Haaren und großen Rucksäcken auf; sie riefen unverständliche Sachen über den Zaun, dann fielen sie in den Sand und blieben liegen, bis der Hund sie verscheuchte. Früher kamen viele Hippies an die leeren Strände bei Tulum; ein paar Kilometer nördlich von Dennis' Bungalow trafen sie sich noch immer, sie kamen aus Dakota und Montana und anderen Gegenden, in denen es nur Maiskolben und Frost gibt, und züchteten sich lange dünne Bärte, die aus der Entfernung wie Krawatten aussahen, und trommelten nachts und übten Feuerspeien, was nicht jedem gut bekam, wegen der Bärte.

Einmal, als es dunkel war, trafen wir das amerikanische Paar am Strand wieder. Der Mann trug ein hellgelbes T-Shirt, das einen Blick auf seine tätowierten Oberarme freigab, asiatische Zeichen, eine Schlange und ein Drache. Die Frau blinzelte angestrengt in die Dunkelheit.

— Da steht jemand.

— Nein. Es ist eine Palme.

— Ich sehe es schlecht.

— Es ist ganz einfach.

Der Mann und kratzte sich gleichzeitig an beiden Oberarmen.

— Wenn es größer ist als du, ist es eine Palme. Wenn es kleiner ist als du, ist es ein Hund oder ein Mexikaner.

Langbein erzählte von seiner Zeit als Punk, als er gegen Amerika war und gegen das Amerikanische; dass er die Terroristen hasse, aber deswegen noch lange nicht der Imperialist, ein US-Arsch wie der dort sei (hier deutet Langbein verärgert auf den muskulösen Mann, der herzhaft über seine Bemerkung lachte), für den ihn hier viele halten, wegen seines New Yorker Kennzeichens, wegen seines Geldes und seines schlechten Spanisch.

— Wenn ihr das Amerika kennenlernen wollt, auf das ich keine Lust mehr habe, sagte Langbein, dann fahrt nach Cancún.

Cancún ist amerikanischer als Amerika. Es ist noch furcht-
barer als die Wall Street.

Dann kam der Sturm. Der Regen trommelte gegen die Scheiben, und man konnte das Riff nicht mehr sehen. Das nasse Holz
der Veranda glänzte schwarz, und die Feuchtigkeit hing in den
dünnen Moskitonetzen. Windböen fuhren ins Haus und fegten
den Sand zu immer neuen Ornamenten zusammen. Wir betrachteten eine Weile lang die Sandfiguren, die bald wieder verschwanden, dann zogen wir unsere Windjacken an und liefen
den Strand hinunter. Manchmal drang der Donner der Wellen
draußen am Riff bis zu den Hütten, es klang wie ferne Explosio-
nen. Als wir zurückkamen, regnete es immer noch, und wir beschlossen, die Küstenstraße nach Norden zu fahren.

Wir fuhren nach Cancún, eine künstliche Landzunge mit
Hotels und künstlichem, ausrollbarem Golfrasen, der in den
Siebzigern aus Florida eingeflogen wurde und einen Käfer in
sich trug, der einen Großteil der mexikanischen Palmen zerstörte. Wir aßen in einer Pizzeria, deren Besitzer wegen Prob-
lemen mit der italienischen Steuerbehörde ausgewandert war
und nun mit ein paar Mexikanern Pizza Quattro Stagioni machte, obwohl es hier eigentlich nur eine Jahreszeit gibt. Auf der
anderen Straßenseite wartete ein Schuhputzer auf Kundschaft,
aber es kamen nur ein paar dicke Touristen mit Hard-Rock-
Café-Hemden und Badelatschen vorbeigeschlurft. Cancún ist,
von Nudistencamps einmal abgesehen, der schlechteste Ort der
Welt für einen Schuhputzer: Wer hierherkommt, kennt keine
Lederschuhe. Ein deutsches Paar unterhielt sich über die Maya.
Die Frau, die sich von irgendeinem Strandhändler in einen
flatternden Indiokittel hatte einwickeln lassen, beklagte, dass
die spanischen Eroberer alles kaputt gemacht hätten in Yucatan,
sie seien die wahren Barbaren, was ihr Mann bestritt; die Maya,
erklärte er, waren eine grausame Bande, sie hätten Kinder ge-

opfert und grässliche Flöten erfunden. Sie konnten sich nicht einigen. An ihren Armen baumelten All-inclusive-Bänder, unter denen sich Schweißperlen bildeten.

Wir reisten ab. Langbein blieb. Im April wurde es kalt in Tulum, und mit dem schlechten Wetter kamen die Probleme. Irgendwann wurde Olivias Geld gestohlen, alles, was sie seit ihrer Ankunft mit Massagen verdient und in einer kleinen Schachtel aufbewahrt hatte. Das Geld wurde knapp, es kamen zu wenig Gäste; die Freunde, denen das Grundstück gehört, wurden von der mexikanischen Mafia erpresst. Im Juni 2002, neun Monate nach ihrer Abreise, entschieden sich Olivia und Dennis, nach New York zurückzukehren. Olivia nahm einen Job als Masseurin im »Ritz Carlton« am Central Park an, Dennis lebte von den Einkünften, die ihm die Vermietung seines Apartments in Manhattan brachte.

Heute lebt er in Palm Beach, Florida, in der Australian Avenue, unter Palmen, hinter gepflasterten Hausauffahrten. Immerhin hört man das Meer hier, wie damals in der Hütte.

KENIA, NAIROBI

EIN
RÄTSELHAFTER
MORD

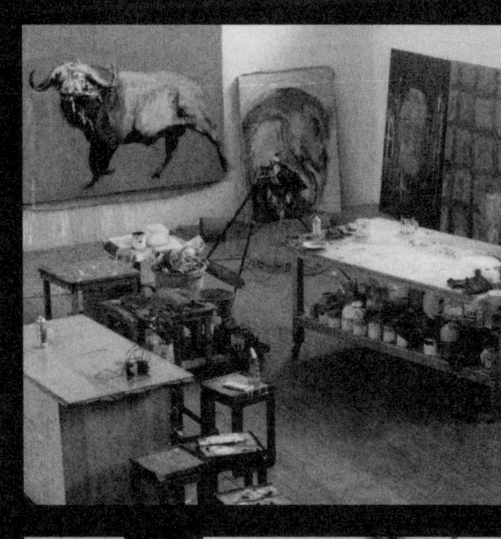

Es war nicht sein Wagen, in dem Tonio Trzebinski am Abend seines Todes saß. Es war der Wagen seiner Frau. Und es war nicht seine Frau, zu der er fuhr. Die Frau, zu der er fuhr, hieß Natasha Illum Berg. Sie lebte seit kurzem in Nairobi, in Karen, dem Vorort, den sie nach Karen Blixen benannt haben, in der Nähe der Ngong Hills. Sie hatte als Model in Dänemark gearbeitet und einen Nervenzusammenbruch bekommen, sie hatte ein halbes Jahr lang Physik, Chemie und Mathematik studiert und sich gelangweilt und stattdessen Forstwirtschaft gewählt, sie hatte auf der dänischen Insel Fyn einen Mann getroffen, der Jagdvideos in Tansania drehte, und sich in Tansania zur Großwildjägerin ausbilden lassen. Dann war sie nach Nairobi gezogen. Sie war jetzt dreißig Jahre alt.

Um kurz nach neun hörte ihr Wachmann, wie ein Alfa Romeo in die hundert Meter lange Schotterpiste bog, die von der Bogani Road zu Natasha Illum Bergs Haus führt. Er erkannte den Wagen am Motorengeräusch und öffnete das Tor, schloss es aber wieder, als der Wagen plötzlich anhielt. Das Viertel, das zum größten Teil von Weißen bewohnt wird, ist gut überwacht. Es gibt häufig Überfälle. Kurz danach fiel ein Schuss. Die Polizei traf nur vier Minuten später ein, kam aber zu spät: Tonio Trzebinskis Leiche lag ein paar Meter hinter dem Wagen. Er trug noch seine Casio-Uhr und sein Portemonnaie bei sich, nur sein

Mobiltelefon fehlte. Ein Schuss aus einer 9mm Pistole hatte seine Brust durchschlagen. Er war sofort tot.

Vielleicht wäre alles anders gekommen, wenn Trzebinski nicht den Alfa Romeo seiner Frau genommen hätte – vielleicht aber auch nicht. Normalerweise fuhr er einen alten Toyota Landcruiser ohne Türen, einen Geländewagen nur mit einer Militärplane als Verdeck, ein Auto, das selbst aussah wie ein Savannentier. Es war ein gutes Auto für Kenia, man konnte damit, wenn man wollte, durch die buschbewachsene Ebene südlich des Galana Rivers und über die Schotterpisten des östlichen Tsavo-Nationalparks bis ans Meer fahren, wo Tzebinski aufgewachsen war, auch wenn die Straßen vom Regen aufgeweicht waren, Straßen, in deren Schlaglöchern ganze Kleinwagen verschwinden können, und man sah in diesem Wagen nicht aus wie jemand, der Geld hat, was von Vorteil ist, denn wenn man in dieser Gegend jemanden trifft, dann sind es oft somalische Banden, die Nagelbretter über die Pisten legen und dann die liegengebliebenen Fahrer ausrauben.

In Kenia, sagt Stefanie Rau Gerdts, eine Freundin von Trzebinski, die ihn Ende der neunziger Jahre in Nairobi kennenlernte, gebe es nur zwei Möglichkeiten durchzukommen. Entweder fahre man mit einer Eskorte oder so wie Tonio, völlig ungeschützt.

Am 16. Oktober 2001 fuhr Trzebinski nicht ans Meer. Er hatte die Kinder ins Bett gebracht und das Haus um halb neun Uhr abends verlassen, einen Neubau mit Holzfassade, Sprossenfenstern und einer großen Veranda, die an die traditionelle Kolonial- und Südstaatenarchitektur des 19. Jahrhunderts erinnert. Während der Regenzeit konnte man auf der überdachten Terrasse im Freien sitzen, und wenn es dunkel wurde, war es besser, auf der Terrasse zu sitzen, denn die Warzenschweine kamen bis vors Haus und gruben den nur spärlich mit Gras bewachsenen roten Boden um, und nachts kamen sogar Leoparden, und die Hyänen drangen in die Hühnerställe ein.

Das Haus sah aus, als ob es mitten in einer Wildnis steht, in einer Welt, in der nicht nach der nächsten Kurve eine Einfamilienhaussiedlung und eine Dreißigerzone und ein Lidl-Markt kommen.

Als ich zum ersten Mal vor dem Haus stand, war ich ein paar Stunden, von Süden kommend, Richtung Nairobi gefahren, in einem weißen Landrover auf roten Schotterpisten und Teerstraßen, die während der Regenzeit unterspült worden waren und in der trockenen Hitze auseinanderbrachen wie Knäckebrot. Ich hatte Affenbrotbäume gesehen, von denen es heißt, der Teufel habe sie in seiner Wut falsch herum eingepflanzt, mit den Wurzeln nach oben, die Einheimischen glaubten früher, dass die Geister ihrer Vorfahren in den Baumkronen leben. Ich hatte außer den Insassen der überladenen Matatu-Busse, die wie betrunkene Kaninchen durch die Schlaglöcher sprangen, kaum Menschen gesehen; ich hatte Impalas und Elefanten und Giraffen und stämmige, wie aufgepumpt aussehende Zebras gesehen und später vielleicht auch einen Löwen, es war nicht genau zu sagen, irgendetwas lugte aus dem hohen Gras hervor. Ich hatte den Wagen unter einem hohen Busch geparkt und war zur Hecktür gegangen, um ein Sandwich zu holen, und im Gebüsch weiter unten bewegte sich etwas, und ich dachte, dass mich jetzt vielleicht ein paar hundert Augen sahen und Nasen witterten, während ich nur Gras sah; so muss es gewesen sein, als die ersten Menschen sich als Wesen in der Minderheit auf den Weg durch die Savanne machten. Wenn man den Wagen verlässt und allein im Gras steht, legen sich die Ohren auf einmal wie Höhenruder an, um besser zu hören, was sich im Gras nähert, und die Nackenhaare stellen sich automatisch auf, der Körper macht seltsame Dinge, wenn er irgendwo die Anwesenheit von Tieren mit großen Zähnen oder Hörnern vermutet, obwohl die vermutlich die geringste Gefahr in den Ngong Hills sind.

Später stand ein Büffel auf der Fahrbahn, wie eine üppig gehörnte Erinnerung an das, was in allen Gemälden von Trzebinski zu sehen ist, dass hier nämlich Naturschönheit und ständige potentielle Todesgefahr heftiger ausfallen als anderswo und auch näher miteinander verwoben sind. Ich wartete und dachte an die YouTube-Filme, die zeigen, wie ein Elefantenbulle einen mit Safari-Touristen besetzten Volkswagen Polo angreift und aufs Dach rollt, was sehr komisch aussieht, auch weil die Insassen, noch während sie umgeworfen werden, nicht einzusehen scheinen, dass Dinge dieser Art an diesem Ort der Welt wirklich passieren können, und vergeblich nach einem Notabschaltungsknopf für die Situation suchen, während andere nichts so gefährlich finden, als dass sie aufhören würden, die Angelegenheit mit ihren Mobiltelefonen zu filmen; immerhin lösten die Airbags des Kleinwagens aus.

Es tauchte dann kein Löwe auf. Nur ein paar Columbusaffen hangelten sich durchs Geäst, ein paar Bäume weiter veranstalteten die Nashornvögel einen ganz erstaunlichen Krach.

Ich versuchte, den Ort zu finden, an dem Tonio bestattet wurde. Auf den Hügeln surrten die weißen Flügel der Windräder. Die Sonne brannte, und es roch warm und faul und nach Erde. Hinter mir hielt ein alter Peugeot 504. Ein Mann stieg aus und näherte sich. Er trug eine khakifarbene Hose und eine schwarzorangene Baseballkappe der Giants. Er ging ein paar Schritte ins Gras hinein und rollte einen alten Reifen bis zu seinem Wagen. Dann drehte er sich um, deutete vage Richtung Süden und rief: »Better not.« Der Mann ließ den 504er an und rollte davon. Ich fuhr zurück, der Staub fegte durch die offenen Seitenscheiben, in den Bäumen saßen die Marabus mit eingezogenen Schultern und langweilten sich, und die Wolken stürmten in die Tiefe des Raums, als sei die Welt zum ersten Mal wirklich in 3D zu sehen, eine Welt, in der Menschen sichtbar in der Minderheit waren, bevölkert nur von Tieren und Wind und einer Sonne, die ihre Zeit damit verbrachte, das Gras zu verbrennen.

Und dann tauchten natürlich doch noch zwei Jeeps auf mit Touristen auf, hinten auf den Bänken saßen ältere Herren mit Sonnenbrand und beigen Funktionshosen, die Ferngläser und Spiegelreflexkameras vorm Bauch baumeln hatten und nach großen Tieren Ausschau hielten. Vielleicht ist es kein Zufall, dass der Safari-Tourismus zur gleichen Zeit einen Aufschwung erlebte wie die Hirnforschung, die sich auch für den Menschen in der Savanne interessiert, für uralte Programme, die angeblich immer noch aktiviert werden, in Momenten der Angst oder der Freude oder der Verwunderung, und genauso wie eine bestimmte Form von Hirnforschung das Erlernte und Erlebte zugunsten des genetisch Vorprogrammierten, der angeblich ewig unveränderlichen *conditio humana* vernachlässigen.

»Hier kommen wir also her«, sagte ein Mann und richtete seinen dicken Finger auf einen kahlen Busch, er war ganz ergriffen. Seine Frau schwieg. Sie blinzelte ins Gegenlicht und versuchte etwas zu erkennen, aber sie sah nichts, nicht mal einen Affen. Auf ihrem Schoß hielt sie eine Plastikdose mit Sandwiches fest.

Natürlich war Afrika nicht so leer, wie es aussah. Irgendwo fuhren Tanklastzüge von der Küste ins Land, irgendwo fuhren schwerbeladene Lastwagen das Coltan-Erz aus den Bürgerkriegsgebieten des Kongo ans Meer, wo es nach China verschifft, wo es zu Tantal und dann zu Kondensatoren für Digitalkameras und Mobiltelefone und Laptops verarbeitet wird. Irgendwo erschossen die Massai die Löwen, weil die das Vieh rissen, das die Massai zum Grasen in die Nationalparks trieben, auf das Land, das einmal Massai-Land war und das der Staat von den Massai gekauft hatte, um die Tiere zu schützen, ohne die keine Touristen kommen, irgendwo nicht weit lagen die großen Slums von Nairobi – aber von alledem wusste Trzebinskis Atelierhaus nichts, es war *Out of Africa*, der perfekte Traum vom vormodernen Afrika, in dem alles möglich und wild und offen und groß war.

Tonios Vater, der ein erfolgreicher Architekt war, hatte mit seinen Gebäuden ein modernes Kenia erfunden, das Kenia der Hochhäuser und der Krankenhäuser und der Hotels, das Kenia der Zukunft; Tonios und Annas Haus war etwas anderes, ein Haus aus dem Geist einer Zeit, die die Zukunftsideen der sechziger Jahre aufgegeben und den Zeitstrahl zurückgedreht hatte auf eine koloniale Vergangenheit, ein Haus, das in die alte Welt zurückwollte und in dem der Maler das Dunkle und Schöne der kenianischen Natur jenseits von Nairobis Gegenwart malte.

Das Haus war ein Haus wie aus einem Abenteuerroman mit offenen Fenstern, durch die die Geräusche des kenianischen Sommers drangen, mit einem großen Garten und der Savanne vor der Tür, in der alles größer und intensiver und wilder war, und langen Tagen, an denen der Vater in seinem Atelier verschwand und malte, und Tagen am Indischen Ozean, wo ihre Großeltern wohnten und Tonio Trzebinski, der hier 1960 geboren wurde, immer wieder zum Wellenreiten ging. Tonio wuchs in Shanzu bei Mombasa auf, in einem Haus am Meer mit zwei Swimmingpools.

Sein Vater Sbish war ein polnischer Auswanderer, ein, nach dem, was die sagen, die ihn noch kennenlernten, lustiger, jähzorniger, wilder und großzügiger Mann mit einem mächtigen Schädel; die Familie war im Zweiten Weltkrieg geflohen, erst nach Kasachstan, dann mit dem Zug durch Sibirien und über Bagdad nach Palästina und Ägypten, um schließlich, nach Jahren in England, wo Sbish 1958 sein Architekturdiplom machte, nach Kenia auszuwandern, wo er mit seinem Partner, Tibor Gaal, das »Traveller's Beach«, die »Severin Sea Lodge«, das »Tropical Village« und die »Jadini Beach« Hotels entwarf, eine neue Form von Urlaubsarchitektur mit geodätischen Dächern, und auch, in Tansania, das »Kunduchi Beach« Hotel, eines der damals besten Strandhotels der Welt. Seine Mutter Errol ist Schriftstellerin, sie schrieb unter anderem *Silence Will Speak*, eine der Vorlagen für den Film *Out of Africa*. Das Paar hatte drei Kinder, Tonios Bruder ist Autor, die Schwester Künstlerin in England.

Tonio lernte früh wellenreiten, er surfte, wann immer er konnte, je nachdem, wo die Wellen gerade am besten waren: zwischen Mombasa und Vanga an der Grenze zu Tansania, an den einsamen Stränden im Norden, wo die flachen Riffs die Haie fernhalten.

Später ging er auf ein englisches Internat, das er mit sechzehn verließ, um an der Slade School und in Chelsea Kunst zu studieren. Er malte wie der junge Lucian Freud. Schon damals galt er als einer der besten Maler seines Jahrgangs.

Es gibt viele Maler, die surfen, aber bei wenigen gab es einen so direkten Zusammenhang zwischen der Art, wie er die Leinwand anging, und der Art, wie er sich in eine Welle stürzte – und vielleicht lassen sich seine Bilder am besten aus den Wellen des Indischen Ozeans heraus erklären. Der entscheidende Zeitpunkt ist der Moment, in dem die Welle bricht; die schwarze Wasserwand macht den Surfer glücklich, die weiße ist sein mögliches Ende. Trzebinski betrachtete die Leinwand genauso: Die weiße Fläche machte ihm Angst, die dunkle war sein Ziel, in der eine geballte Turbulenz die Formen und die Dinge nach vorn katapultiert, das Rauschen des Bildes. Es gibt ein paar Fotos, die ihn zeigen, nachdem er gemalt hat, er sieht aus, als sei er auf einer Longboard-Palette durch einen Ölteppich gesurft. Eine Zeit lang arbeitete er in Gibellina an Objektassemblagen, die aussahen, als hätte Mario Merz sich nach Afrika gewagt, Werke aus rauhen, zerborstenen Dingen, meist Hölzern und anderen Dingen, die man in den Bergen oder am Meer findet.

Dass Trzebinski in der Kunstwelt kaum bekannt ist, liegt auch an seinem völligen Desinteresse an jeglicher Vermarktung. 1988 ging er nach Kenia zurück, wo er die Engländerin Sally Dudmesh kennenlernte. 1990, während Sally nach London reiste, um sich ein Brautkleid zu kaufen, traf Tonio eine alte Jugendfreundin wieder. Anna, die Tochter der aus Düsseldorf stammenden Dodo Cunningham-Reid, war damals seit drei Monaten verheiratet. Wenig später ließ sie sich scheiden, übernahm es persönlich, Tonios bisherige Freundin davon zu benachrichtigen, dass ihre Beziehung mit ihm zu Ende war, und heiratete Tonio 1991 in Kalifornien.

Was folgte, wird von den Freunden des Paares ehrfurchtsvoll als eine mehrjährige Dauerexplosion beschrieben: das große Haus, endlose Partys, Reisen, Exzesse aller Art. Tonio war Teil der »Fun Squad«, er nahm Unmengen Kokain, er tanzte, erzählt Stefanie Gerdts, »wie ein balzender Auerhahn«, er feierte tagelang in der Bar des »Peponi« auf Lamu, einem Strandhotel, in dem sich die Feierbrigade der Oberschicht von Nairobi mit sehr ernsten europäischen Musikern traf (Hans Werner Henze erzählte, dass ihn der Ort zu seiner 9. Symphonie inspirierte, Yehudi Menuhin spielte hier vor Freunden eine Bach-Partita, und als ihm eine Saite riss, ersetzte man sie ihm mit einer Angelschnur).

Einer der härtesten Drinks, den die Bar dort im Angebot hat – ein vierfacher Wodka Tonic in einem großen Glas –, wurde nach Tonio benannt, der das Geld mit einer Großzügigkeit und Entschlossenheit ausgab, die selbst generöse Freunde erstaunte.

Er verdiente gut. 1999 hatte er eine Einzelausstellung in der Londoner Galerie »Lefevre«, seine Bilder brachten bis zu 30 000 Euro. Die New Yorker Galerie »Mary Boone« interessierte sich für ihn. In seinem Umfeld sammelten sich Botschafter, Privatiers und Kriegsreporter, die aus den Krisengebieten im Norden berichteten und am Wochenende aus Somalia an die kenianische Küste kamen; zu seinen Freunden zählten Aidan Hartley und Julian Ozanne, der frühere Korrespondent der *Financial Times* in Nairobi.

Mit ihnen verbrachte er die Nächte im »Tamarind« in Mombasa oder am Paradise Lake auf dem Mount Marsabit, er flog mit anderen Wellenreitern nach Mosambique und Mauritius und Hawaii, er nahm Ecstasy und Kokain, er ging mit seinen Kindern auf die Jagd und schoss Impalas und Fasane und malte und feierte.

Er malte erst wie Francis Bacon und Lucian Freud, später kommt etwas dazu, das an Willem de Kooning und Helen Frankenthaler erinnert, die Entwicklung ist schwer nachzuvollziehen, weil viele Werke in Privatsammlungen verschwunden sind. Eines der besten hängt in Berlin im Haus des ehemaligen deutschen Botschafters in Nairobi, es ist ein Diptychon, eine weiße Fläche, durch die ein senkrechter Strom aus Farben läuft, der wie ein Konzentrat der Natur bei Nairobi wirkt, ein Sediment des Staubs und der dumpfen Gerüche und der Rinde der Bäume und der Farben der trockenen Äste und der Erde in der Regenzeit. Obwohl das Bild keinen erkennbaren Bildraum hat, keine Perspektive, entwickelt es einen seltsamen Tiefensog, den man sonst nur in Bildern der Savanne findet. Das rötliche Braun und das helle Gelb des Savannengrases sind Farben, die in seinem Werk immer wieder auftauchen. In der Regenzeit färben die Schlammmassen, die der Sabaki River ins Meer trägt, das Meer bei Malindi rötlich braun, und manche seiner Bilder sehen aus, als hätte er sie ein paar Monate an den Strand oder in die Savanne gelegt, als hätten der Wind und die Erosion und die Regenzeit und der Staub der trockenen Sommer und die dürren Äste und Blätter des Graslands ihre Spuren in der Leinwand hinterlassen. Oft findet man, wenn man genau hinsieht, wirklich den rötlichen Staub in seinen Bildern, so, als hätte Trzebinski nicht mit Farben Afrika gemalt, sondern mit Afrika selbst gemalt, als hätte er das ganze Land als Palette genommen. Trzebinski malte manisch. Nicht alles gelang, einige Werke gingen vollkommen daneben, aber selten findet man eines, das nicht die schwer im Zaum zu haltende Energie ausstrahlt, die seine Freunde an ihm liebten: Er malte Köpfe, die aussahen, als stünden sie seit Tagen im Feuer. Er malte Köpfe wie erkaltete Asche. Er malte eine Frau, die fast nur aus bewegten Linien besteht, an manchen Stellen ist die Farbe mit den Händen verwischt, die Konturen des Körpers sind gerade noch erkennbar, eher sieht das Bild aus wie die Spuren, die ein Paar auf einer Leinwand hinterließ. Das Bild sei eine Hommage an Manets Olympia, erzählte er seinem Freund Julian Ozanne: »Ich wollte das Bild einer heftigen Konfrontation schaffen, nicht ein romantisches Bild einer Nackten, die ruhig auf dem Bett liegt«, und vielleicht erklärt dieses Gemälde ziemlich genau, worum es Trzebinski in seiner Malerei ging.

Einmal versuchte Trzebinski, mit den Kindern und Anna nach Amerika überzusiedeln, er zog mit einem Koch und einem Kindermädchen nach New York. Es gab Gespräche mit der Galerie von Mary Boone, die aber zu nichts führten, obwohl einige Mitarbeiter in Trzebinski schon den nächsten Basquiat oder wenigstens Julian Schnabel sahen, vermutlich hatten sich beide bei dem Fotografen Peter Beard kennengelernt, der lange in Kenia lebte und wie Schnabel ein Haus in Montauk auf Long Island besitzt. Er könne sich dunkel an Trzebinski erinnern, sagt Schnabel, wenn man ihn fragt, und kratzt sich dann gelangweilt an seinem Schlafanzug (er trägt, wohin er kommt, nur Schlafanzüge), als gäbe es Wichtigeres als Maler aus Kenia.

Trzebinski verließ New York schnell. Statt seine Zeit mit Mary Boone zu verbringen, ging er lieber an den Magadi Lake im Südwesten von Nairobi und schoss ein paar Guinea-Vögel, oder er fuhr mit dem Landcruiser auf das einsame Plateau in den Ngong Hills, von dem man in die Weite des Great Rift Valley schaut. Für Schnabel und Beard reichten die sandigen Hamptons, um sich von Manhattans Superurbanität zu erholen, Trzebinski brauchte mindestens einen Kontinent. Also ging er zurück, in das Atelierhaus mit der großen Terrasse, das er sich nach der Hochzeit mit Anna am Fuß der Ngong Hills gebaut hatte und das wie das Gegenteil zum Stress der durchurbanisierten westlichen Welt aussah, von der die Parabolantenne auf dem Blechdach zeugte, die den Hals nach Informationen und Signalen von außen verrenkte.

Auf Trzebinskis Terrasse standen zwei große Tontöpfe, in denen Palmen wuchsen, und ein paar Liegestühle, und wenn man sein Atelierhaus sah, dann sah es aus wie der ideale Rahmen für ein entspanntes Leben, gerade im Herbst, wenn das Licht intensiver wurde und der Himmel aufriss und die Wolken in die Tiefen der Savanne trieben, aber das war natürlich nur der Blick des sentimentalen Europäers von außen: Wer sich die Welt der reichen Weißen von Nairobi etwas genauer anschaut, wer die Nachkommen der Kolonialherren und Abenteurer des Happy Valley kennenlernt, findet sich schnell in einem Gefäß mit Überdruck wieder, in der jeder jeden kennt – und wenn etwas passiert, auch jeder jeden verdächtigt. Karen, der nach Karen Blixen benannte Ortsteil bei Nairobi, war so idyllisch und klaustrophobisch wie ein Dorf, es ist das Gegenteil der Weite der Savanne.

Schon 1998 hatte Tonio eine kurze Affäre mit Saba Douglas-Hamilton, der Tochter eines berühmten Elefantenexperten, und nach einer kurzen Versöhnungsphase hatte er Natasha Illum Berg kennengelernt, eine blonde, durchtrainierte Frau, die aussah wie eine Mischung aus Ava Gardner und Lara Croft und nicht weit entfernt von ihm wohnte; ein Foto zeigt sie mit geknoteter Bluse und geschultertem Gewehr.

An dem Tag, an dem Trzebinski starb, stand ein zerschnittenes Bild in seinem Atelier. Anna hatte es bei einem Streit mit einem Messer zerstört, um ihn, wie sie sagte, die Schmerzen fühlen zu lassen, die sie empfinde, sie hatte die Wiederwahltaste seines Telefons gedrückt und Natasha am Telefon gehabt, danach war sie im Streit gegangen und nach Arizona geflogen, um sich in einer Klinik für »Frauen, die zu sehr lieben«, behandeln zu lassen. Trzebinski blieb in Nairobi und kümmerte sich tagsüber um die Kinder. Abends wollte er Natasha Illum Berg treffen. Während seine Frau in Arizona sitzt, wird er erschossen.

Die Polizei vernimmt Anna Trzebinski und ihre Mutter. Es wird behauptet, Kokainhändler hätten Tonio als Warnung an andere Kunden erschießen lassen, eine Hypothese, die bald widerlegt wird. Es heißt, ein Rivale um die Gunst der Dänin hätte sich an ihm gerächt, aber niemand kann einen Rivalen ausfindig machen. Natasha Illum Berg wurde verhört. Der Verdacht fällt auf den Liebhaber von Natasha Illum Berg, den ehemaligen Soldaten Sebastian Willis Fleming, aber der lebt woanders und hatte angeblich keine Ahnung von der Affäre und dementsprechend auch keine Mordpläne.

Die Ermittlungen der kenianischen Polizei bleiben, wie es bei Ermittlungen der kenianischen Polizei meistens der Fall ist, ohne Ergebnis. Jeder könnte den Auftrag zu einem Mord gegeben haben, es ist einfach, in den Slums von Nairobi einen Killer anzuheuern. Andererseits enden Überfälle, bei denen es nur um ein wenig Bargeld ging, oft mit einem erschossenen Fahrer. Der Fall wurde geschlossen, die offizielle Version lautet, Trzebinski sei das Opfer eines missglückten Überfalls geworden. Aber warum sollte der Täter den Wagen, die teure Uhr, die Brieftasche am Tatort lassen, warum ihn genau vor Illum Bergs Haus erschießen – und wieso hatte er, wenn Natasha Illum Bergs Wachleute ihn aufschreckten, noch Zeit, das Mobiltelefon mitzunehmen?

Sehr vieles an Trzebinskis Tod ist eigenartig. Das Seltsamste, das, was seinen Tod wie eine symbolische Hinrichtung wirken lässt, ist aber eine gespenstische Parallele zwischen seinem Tod und dem Tod eines Mannes, der genauso alt war wie Tonio, als er 1941 nicht weit entfernt vom Ort des Mordes erschossen wurde: Damals war Militärattaché Josslyn Hay, der 22nd Earl of Erroll, ein etwas käsiger, auf Fotografien blasiert schmachtend schauender Vierzigjähriger mit rechtsextremen Ansichten, an der Ngong Road erschossen worden – kurz nachdem er eine Affäre mit einer jungen Frau namens Diana Broughton begonnen hatte. Der Fall gilt jahrzehntelang als ungelöst, eine Tatwaffe wird nie gefunden. Dass der Stiefsohn dieser Dame der Stiefvater von Tonio Trzebinskis Ehefrau Anna ist, Michael Cunningham-Reid, und dass Tonios Mutter ein Buch über den Fall geschrieben hatte, wollte einigen nicht als Zufall erscheinen.

Die Gespenster des Happy Valley tauchten wieder auf, der britischen Gesellschaft in Kenia, die, während der Zweite Weltkrieg Europa verwüstete, ungerührt feierten, tranken, Kokain nahmen und in immer neuen Konstellationen miteinander ins Bett gingen. 1940 kam der damals sechsundfünfzigjährige, spielsüchtige Sir Delves Broughton mit seiner sechsundzwanzigjährigen Frau Diana nach Nairobi. Hay begann, obwohl er schon eine Geliebte hatte, auch eine Affäre mit Diana. Am 24. Januar 1941, während in England das Essen rationiert wurde und die deutsche Luftwaffe nachts Angriffe auf London flog, ging Hay erst mit beiden essen und dann mit Diana tanzen. Eine halbe Stunde nachdem er sie wieder abgesetzt hatte, wurde er in seinem Buick erschossen. Auf der Rückbank wurden seltsame weiße Schrammen entdeckt.

Man konnte Delves Broughton den Mord nicht nachweisen, aber alles sprach für ein Eifersuchtsdrama – außer einer Verschwörungstheorie, die einen politischen Mord vermutete, der weniger mit Hays notorischem Womanizertum als mit seinen rechtsextremen politischen Ansichten zu tun haben sollte, damit, dass Hay mit Rudolf Hess Kontakte gepflegt und ein Militärbündnis mit Hitler angestrebt haben soll. Diana blieb in Kenia, Delves Broughton reiste zurück und brachte sich mit einer Überdosis Morphin im Hotel »Adelphi« in Liverpool um, was im Happy Valley als Eingeständnis seiner Schuld gewertet wurde. Es hielten sich aber Gerüchte, dass ein eifersüchtiger Nebenbuhler Hay erschoss. Oder Diana, weil Hay sich von ihr trennen wollte. Oder eine andere Frau …

War der Mord an Trzebinski ein Symbolmord, der sich auf den Fall 1941 bezog? Wer hatte ihn in Auftrag gegeben? Im aufgeheizten Klima der besseren Vororte von Nairobi, in einer Agatha-Christie-haft miteinander verwobenen Gesellschaft, in den Cafés und Bars von Karen, in der Bar des Restaurants »Talisman« und im »Tin Roof« auf der Dagoretti Road, kamen immer mehr Gerüchte auf.

Freunde von Anna Trzebinski sagen, sie hätte nie den Vater ihrer Kinder erschießen lassen – hingegen sei schon einmal ein Exfreund von Natasha Illum Berg zu Tode gekommen. Aber Trzebinski hatte sich nicht von Natasha Illum Berg getrennt, es sei denn, er wollte die Beziehung an diesem Abend beenden, und es wäre ein wenig voreilig gewesen, für diesen Fall einen Killer am Eingang aufzustellen, der den Liebhaber schon im

Vorfeld erschießt. Tonios Mutter erzählt, ihr Sohn habe sie in den Wochen vor seinem Tod gebeten, niemandem zu sagen, wo er sei. Jemand will wissen, dass ein Angestellter ein Gespräch belauscht habe, das Tonio Trzebinskis Schwiegermutter Dodo Cunningham-Reid belastet. Die These vom Mord als Rache für die Eifersuchtsqualen der Tochter kommt auf. Aber kein Beweis. Je mehr vermutet wurde, desto diffuser wurde der Fall. Und wer war überhaupt die dänische Großwildjägerin, die niemand in Nairobi genau kannte?

Ich traf Natasha Illum Berg in Kopenhagen, und sie sah nicht aus, als wäre es ihre Hauptbeschäftigung, auf Impalas, Topis und Riedböcke zu schießen. Sie trug ein weißes T-Shirt, ein goldenes Kreuz und eine braungetönte Sonnenbrille. Sie bestellte einen Wein und einen Salat und begann, von Gefahr, Intensität und erschossenen Büffeln zu reden, lauter Dingen, die in einer idyllischen Kopenhagener Seitenstraße seltsam surreal klingen.

Es gibt keine Stadt, die so friedlich und zufrieden in der Sonne liegen kann wie Kopenhagen. Am vornehm schwappenden Wasser des Nyhavn lehnten sich die bunten alten Häuser wie betrunkene Wikinger aneinander, das »Hotel d'Angleterre« stand mit knatternden Fahnen im Wind. Alles sah frisch gewaschen aus: kein Staub, keine Hitze, kein afrikanisches Geheimnis.

Wir saßen im »Victor's«, einem kleinen Restaurant hinter dem »Hotel d'Angleterre«, in dem um diese Zeit nur ein paar Dänen mit identischen Frisuren saßen, einem in Dänemark sehr verbreiteten Haarschnitt, der vermutlich entstand, als man alles, was unter dem Wikingerhelm hervorwuchs, bogenförmig abschnitt.

Natasha Illum Berg stocherte im Salat und erzählte von sich. Sie liebe schnelle Autos, die Jagd, Stierkämpfe, *the beauty of tragedy*.

— Stierkämpfe?

— Ja. Ich fahre, sooft es geht, nach Spanien.

Spanien mag sie lieber als Italien, Hemingway mag sie nicht, auch wenn sie mit ihm die wesentlichen Leidenschaften, das Jagen, Afrika und Stierkampf, teilt; aber Hemingway, sagt sie, habe vom Jagen keine Ahnung gehabt und überhaupt etwas ganz anderes gesucht im Busch.

Natasha Illum Berg wurde 1971 in Dänemark geboren; sie wuchs auf einem Jagdgehöft in Schweden auf. Schon ihr Großvater, der 1885 in Kalmar geborene Ornithologe und Forscher Bengt Berg, war oft in Afrika. Er war als Kriegsberichterstatter im Ersten Weltkrieg an der deutsch-österreichischen Front gewesen, hatte 1916 einen prodeutschen Roman mit dem Titel *Der Germane* verfasst und ansonsten Filme in Sudan und Indien gedreht und einen Naturpark gegründet. Natasha, Tochter des 1935 geborenen Berg junior und einer Dänin, war zweiundzwanzig, als sie bei dem deutschen Jäger Rainer Jösch in die Lehre ging; nach fünf Jahren erhielt sie als erste weibliche Großwildjägerin eine Lizenz. Sie zog nach Nairobi und schrieb über ihre Erfahrungen in Tansania und Kenia einen Bestseller, der in einer lieblosen Übersetzung unter dem Titel *Ströme aus roter Erde* auch in Deutschland erschien.

Die Dänen, die am Nebentisch eine Suppe löffeln, hören unter ihren Frisuren sehr interessiert zu. In Dänemark ist Natasha Illum Berg eine Bestsellerautorin, vielleicht haben sie *Ströme aus roter Erde*, vielleicht auch *Te i den blå sofa* gelesen, das Buch, das sie 2004 veröffentlichte und in dem es nicht um Tee, sondern um einen Mann namens T. geht, der wie Trzebinski, an der kenianischen Küste in Shanzu aufwuchs und am Ende erschossen wird. »Ich legte mich auf die Straße neben das Letzte von dir, was ich jemals sehen würde«, schreibt Natasha Illum Berg »und hasste es, feststellen zu müssen, daß es aus deinem Herzen

gelaufen war. Ein Jäger sieht es auf den ersten Blick. Es waren
ein paar Tropfen Blut aus deinem Herzen. Ich berührte es mit
meinen Fingern und tat es auf meine Lippen.« Natasha Illum
Berg lieferte den Exegeten und Spurensuchern neue Rätsel.
»Eine einzige Kugel tötete dich auf dem Weg zu mir«, heißt es
in dem Buch. »Wir waren auf dem Weg, wir hatten unsere Reise
schon begonnen. Die Bilder, die ich in den Zeitungen von dir
sah, waren Lügen. Auf diesen Bildern sah dein Gesicht aus wie
bittere Mandeln, die von einem Baum fallen. So sahst du nicht
mehr aus. Dein Gesicht hatte sich geändert. Ich sah, wie es sich
wandelte. Dass du einen Weg hinein oder hinaus suchtest,
stand in deinem Gesicht, als ich dich traf … Dann der Schuss,
der aus dem nichts kam … ein gut ausgeführter Auftrag aus einer
Schlangenwelt.«

— Haben Sie einen Verdacht, wer diese Schlangen gewesen sein
  soll?

Natasha Illum Berg stocherte weiter in ihrem Salat und schaute
auf den Hafen.

— Es gibt schlimme Menschen dort.

— Wer sind diese Menschen?

— Wissen Sie, Scotland Yard ermittelt. Es gibt Spuren. Und ich
  bin sicher, dass sie die wahren Mörder finden.

Tonio Trzebinski wurde nach einem Massai-Ritual während des
Sonnenuntergangs auf einem Plateau in den Ngong Hills bestattet. Der Autor eines *Vanity Fair*-Artikels, James Fox, kolportiert,
bei der Beerdigung von Trzebinski sei ein Sportflugzeug durch
die Rauchsäule geflogen, am Steuer habe Natasha Illum Berg gesessen. Zumindest das ist im Gemenge der wasserdichten Alibis
und verborgenen Wahrheiten von Nairobis prominentestem
Mordfall eine eindeutige Erfindung: Natasha Illum Berg besitzt
keinen Pilotenschein.

Seit 2002, dem Jahr nach Tonios Tod, lebt Anna Trzebinski

mit dem zehn Jahre jüngeren Samburu Loyapan Lemarti zusammen, mit dem sie das Luxus-Safaricamp »Lemarti's« betreibt. Sie hat ihr eigenes Modelabel, zu ihren Kundinnen zählen Kate Moss, Jemima Khan und Prinzessin Caroline von Monaco; im Internet ist von »African Chic« die Rede. Tonios Vater, der Architekt Sbish, starb 2005. Seine Mutter Errol recherchierte weiter. Sie brachte Scotland Yard dazu, den Fall neu aufzurollen.

2007 tauchten plötzlich, nach sechsundsechzig Jahren, Dokumente und Beweisstücke auf, die den Mord an Josslyn Hay, den 22nd Earl of Erroll, erklären. Kurz nachdem sich die Enkelin von Broughton, die Modejournalistin Isabella Blow, mit dem Unkrautvertilgungsmittel Paraquat umbrachte, wurden Tonbänder publik, die belegen sollen, dass Delves Broughton den Liebhaber seiner Frau tatsächlich erschossen hat. Es war demnach ganz einfach; es war so, wie alle gedacht hatten – nur wusste man erst jetzt, wie Delves Broughton seinen Widersacher umgebracht hatte. Er hatte ihn gebeten, seine Frau um drei Uhr morgens vom Tanzen nach Hause zu bringen. Während Erroll Diana zur Tür brachte, schlich sich Delves Broughton in seinen Buick, versteckte sich im Fußraum der Rückbank und erschoss den Fahrer wenig später – von hinten. In der Nähe des Tatorts ließ er sich von einem Komplizen, der dort wartete, wieder in die Stadt zurück nehmen, weswegen seine Frau glaubte, er sei die ganze Zeit zu Hause gewesen. Dieser Komplize war der Hals-Nasen-Ohren-Arzt Dr. Athan Philip, ein Flüchtling aus Sofia, dessen Praxis in Nairobi nicht gut lief, weswegen er das Geld, das Broughton ihm zahlte, gut brauchen konnte. Ein weiteres Mitglied der weißen Oberschicht des Happy Valley, Dan Trench, habe davon erfahren, sich aber nicht getraut, den Fall an die Polizei zu geben, und verfügt, dass das Band erst nach seinem Tod veröffentlicht werden dürfe.

Ich verließ Nairobi, ohne Anna Trzebinski getroffen zu haben, sie war auf Reisen und stellte ihre neueste Kollektion vor. Ich fuhr an einer Shoppingmall mit türkisenen Spiegelglasfassaden vorbei über den Mbagathi Way, vorbei an Golfplätzen und am Kibera-Slum nach Südwesten auf die Magadi Road. Ich sah den Giraffen zu, wie sie Blätter von den krummen flachen Büschen fraßen. Ein paar Impalas sprangen ins Gebüsch. Der Himmel zog zu, die Silhouette von Nairobi lag im Dunst, irgendwo dort lief der Mörder von Tonio Trzebinski herum, wenn er nicht selbst schon umgebracht worden war. Ich fuhr ins »Giraffe Manor« und aß mit ein paar Rassisten zu Abend, die einen Gast baten, seinen schwarzen Fahrer hinter dem Haus parken zu lassen, während die weißen Fahrer direkt vor dem Hotel standen und am Chrom der Limousinen herumpolierten oder Rauchkringel in die Abendluft pusteten.

Im April 2016, nach jahrelangen Untersuchungen, wurde Trzebinskis Fall auf Betreiben seiner Mutter, die jahrelang mit Scotland-Yard-Detektiven zusammengearbeitet hatte, von den Behörden in Nairobi wiederaufgenommen. Die kenianische und die britische Presse berichteten, dass es vor den Untersuchungsrichtern zu einer heftigen Diskussion um die Rolle von Trzebinskis Schwiegermutter Dodo Cunningham-Reid und ihrer Tochter Anna kam. Natasha Illum Berg erschien vor Gericht und sagte aus, Tonio habe kurz vor seinem Tod zu ihr gesagt, seine Schwiegermutter sei »die gefährlichste Frau Kenias«. Auch habe Tonios Frau Anna ihr eine E-Mail geschrieben, in der stand, sie möge sich ihre »Schutzkleidung anlegen, denn ich komme zu dir«. Tonio habe gesagt, »du weißt nicht, wozu diese Frau in der Lage ist«. Ein älterer Herr, Ludovico Gnecchi Ruscone, stellte sich als ehemaliger Liebhaber von Dodo Cunningham-Reid und als Freund von deren Mann Michael vor und verteidigte Tonio Trzebinskis Schwiegermutter mit dem Argument, sie hätte doch kaum wegen eines Untreuefalls im Leben ihrer Tochter einen Killer bestellt, wenn sie doch selber untreu war, suggerierte aber, Natasha Illum Berg könne vielleicht mehr wissen, als sie zugebe.

Anna Trzebinski, so zitiert es der *Telegraph*, erklärte vor Gericht, dass ihr »Leben ruiniert worden sei durch die Behauptung von Tonios Mutter«, sie, Anna, habe den Killer beauftragt. Sie wies alle Anschuldigungen zurück.

So dreht sich die Untersuchung im Kreis, und es ist, als würde das gleiche böse Stück, in dem jeder jeden verdächtigt, von den Erben des Kolonialreichs und seiner Rituale immer wieder aufgeführt. In den sechzig Jahren seit dem »*White Mischief*« *Murder* scheint sich wenig getan zu haben. Die Materialien werden jetzt im Gericht gesichtet, und bis ein schlagender Beweis auftaucht, bleibt Karen, der Vorort im Norden Nairobis mit seinen alten und neuen Kolonialvillen, eine eigenartige böse Zeitkapsel, in der die Gerüchte und die Menschen in immer neuen Konstellationen übereinander herfallen, wie Glassteine in einem Kaleidoskop.

# VOR DEM GRAMERCY PARK HOTEL

Als ich das erste Mal nach New York kam, wohnte ich nicht im, sondern vor dem »Gramercy Park Hotel«. Ich war in Orlando gewesen und wollte ein paar Tage in New York bleiben, bevor ich nach Hamburg zurückflog, und in diesen Tagen, hatte ein Freund von mir gesagt, könne ich bei ihm wohnen. Ich nahm, weil wir nach Montauk fahren wollten, einen Mietwagen am Flughafen und kam am Nachmittag in Manhattan an, parkte in der Minetta Street und ging ein paar Blocks bis zu der Galerie, in der der Freund damals arbeitete. Er war nervöser als sonst und fuchtelte mit den Händen herum, und es war nicht ganz klar, ob er sich freute, mich zu sehen. – Du kannst natürlich bei mir wohnen, sagte er nach einer Weile, allerdings vielleicht nicht heute Nacht.

Seine Wohnung in der Jones Street lag in einem alten Brownstone Building, dessen Treppengeländer so oft schwarz lackiert worden war, dass man die Zierlöwen, die am Eingang des Aufgangs jeweils eine Kugel festhielten, kaum noch erkennen konnte, es sah aus, als seien sie durch einen Ölteppich geschwommen. Das Zimmer war dunkel und sehr klein, ein Raum von der Größe eines normalen Badezimmers mit einer Dusche in der Küche und einem kleinen Fenster, das zur Hälfte mit einer unzufrieden brummenden Klimaanlage verbaut worden war.

Überraschend, sagte der Freund, habe sich Justine angekündigt. Er war mit ihr in der Schule gewesen; damals waren sie sechzehn gewesen, der Freund hatte Pickel gehabt und pastellfarbene Polohemden, die ihm seine Mutter morgens bis direkt unter den Hals zuknöpfte, er hatte eine Mireille-Mathieu-Frisur und auch aus verschiedenen anderen Gründen keine Chance gehabt, Justine, die damals mit einem Pilotenschüler zusammen war, kennenzulernen. Aber dann, Jahre später, hatten sie sich in Essen-Kettwig wiedergesehen. Der Freund hatte sich in einen gutaussehenden Mittzwanziger verwandelt, und in einem Anfall vorweihnachtlicher Nostalgie und Überraschung hatte sie ihn geküsst, und er hatte sie nach New York eingeladen, und jetzt kam sie. Wir gingen ins »Tartine«, bestellten Omelettes und machten einen Plan, was der Freund am besten tun sollte, dann nahm ich den roten Dodge und fuhr los, um mir ein Hotel zu suchen.

Ich fuhr durch die Sullivan Street zum Washington Square. Das »Washington Square Hotel« hatte keine Zimmer mehr. Es fand irgendeine Messe statt in New York, alle bezahlbaren Hotels waren ausgebucht. So kam ich zum »Gramercy Park Hotel«, in dem es noch drei freie Zimmer gab. Das Hotel war 1925 von Robert T. Lyons gebaut worden, einem damals sehr erfolgreichen und heute völlig vergessenen Architekten, der getreu der Maxime baute, dass ein Gebäude, wenn es nur hoch genug ist, auch automatisch schön wird. Das »Gramercy Park« war ursprünglich ein Luxushotel, Humphrey Bogart heiratete hier seine erste Frau, die Schauspielerin Helen Menken; der große Baseballstar Babe Ruth betrank sich gern an der Bar, später kamen David Bowie und Bob Dylan, um dasselbe zu machen, nach jeder Nacht sah die Bar ein kleines bisschen abgewrackter aus, und in den Zimmern war die Zeit offensichtlich im Jahr

1946 stehengeblieben. Inzwischen haben sie das »Gramercy Park Hotel« renoviert. Das, was man meint, wenn man »Gramercy Park Hotel« sagt, gibt es nicht mehr. Die Außenwände stehen noch, auch der Privatpark ist noch da, von außen sieht alles aus wie immer: die so oft überlackierten schwarzen schmiedeeisernen Gitter, die akkurat zusammengefegten Laubhaufen neben den Feuerwehrhydranten, die alten Bäume im Park, über die die rußigen Fassaden der Apartmenttürme ragen, die gelbe Ampel an der Ecke, die Front des Hauses, das wie ein aufgedonnerter Schuhkarton ganz unten an der schönsten Stelle der Lexington Avenue steht, wo sie so schmal wird wie eine Seitenstraße und im Park versickert: all das ist wie immer. Aber drinnen im Hotel ist nichts wiederzuerkennen.

Das, was einmal das »Gramercy Park Hotel« war, sieht jetzt aus wie der Landsitz eines exzentrischen Großwildjägers, und wenn man das alte »Gramercy« kennt, dann steht man ratlos vor dem neuen wie eine alte Dame, die nach Jahren in ihr Heimatdorf zurückkehrt und statt ihres Elternhauses eine vierspurige Ausfallstraße mit Autowaschanlage und Steakhouse vorfindet; die Dinge, die die Erinnerung in Gang setzen könnten, sind verschwunden, die Kartographie des Gedächtnisses passt nicht mehr zusammen mit dem, was zu sehen ist. Wenn man heute ins renovierte »Gramercy« kommt, dann ist einem, als sei es nicht sechs, sondern sechzig Jahre her, dass man zuletzt hier war – was eben auch daran liegt, dass man, wenn man noch vor einigen Jahren das alte, dunkle Foyer betrat und rechts in die schummerige kleine Bar abbog, immer sofort um rund fünfzig Jahre zurückkatapultiert wurde: Im alten »Gramercy« fühlte man sich, als sei man soeben im Bukarest der vierziger Jahre eingetroffen, und wenn ein Ort in Manhattan einen dezidiert osteuropäischen Charme hatte, dann war es dieser hier: die abgewetzten Möbel, der klebrige Tresen, die Tapeten mit ihren seltsamen Dschungelmustern, das Licht, das es schaffte, gleichzeitig zu grell und zu matt zu sein, die kratzigen Samtsitzbezüge, die an Fahrten in osteuropäischen Fernzügen erinnerten. In den Zimmern des »Gramercy« wohnte man wie in einer alten Fotografie, man betrat das ins Schwarzweiße hineinverrußte, schmuddelige, vergilbte, sepiabraune, mit braunrotem Samt ausgeschlagene New York, in dem auch die Gemälde von Hopper spielen.

Als ich das erste Mal vor dem »Gramercy« stand, war es schrottig, aber richtig billig war es nie. Die Zimmer kosteten, weil irgendeine Messe stattfand, pro Nacht genau so viel, wie ich im Monat für meine Wohnung ausgab, also parkte ich den Dodge am Park und verbrachte meine erste New Yorker Nacht auf der Rückbank des Wagens.

Gegen acht wachte ich auf, holte mir im »L'Express« an der Park Avenue einen Kaffee und fuhr nach Downtown, um bei dem Freund zu duschen. Er öffnete die Tür mit einem zerknautschten Gesicht. Er war bleich, und man sah, dass er nicht geschlafen hatte.

»Und«, sagte ich. Der Freund fuchtelte mit einem ungetoasteten Toastbrot herum und schaute grimmig. Er war mit Justine essen gegangen, sie hatte sich auf dem Heimweg bei ihm untergehakt, aber dann war sie müde gewesen und hatte sich ausgezogen und wortlos in ihr Bettlaken eingerollt; seitdem lag sie dort, eingerollt in die Bettlaken wie eine ägyptische Mumie, und schlief.

Der Freund hatte die Nacht damit verbracht, ihr Gesicht anzuschauen und das, was von ihrem Körper durch die mehrfachen Lagen Leinen zu erkennen war. Justine hatte, als sie sich auszog – und sie zog sich, sagte der Freund, mit einer Selbstverständlichkeit vor ihm aus, als ob sie schon seit Jahren zusammenwohnten –, ihre Kleidung auf den Fußboden geworfen, und als er sie fürs erste fertig angesehen hatte, hatte er die Sachen, die nach ihrem Parfüm rochen, säuberlich aufgehängt, wodurch der Geruch ihres Parfüms an seine Finger kam. Gegen drei Uhr früh, er konnte noch immer nicht schlafen, hatte er dann versucht, sie sanft aus ihrem Kokon herauszuschrauben, wobei sie sich aber nur noch enger in das Laken gewickelt hatte. Ich duschte, und weil Justine noch schlief, gingen wir zum Deli an der Ecke und machten einen Plan. Der Freund hatte sich von Justines Besuch nichts Besonderes erhofft, jetzt aber feststellen müssen, dass sich seine Gefühlslage nicht verändert hatte, seit sie sechzehn waren; es ging ihm schlimmer als damals. Immerhin war sie wegen ihm nach New York gekommen. Oder war sie nur wegen New York … Er war jedenfalls entschlossen, es diesmal zu schaffen. Wir setzten uns mit einem Kaffee zwischen die zugeteerten Löwen vor seinem Haus und betrachteten das Zickzack der Feuertreppen in der Bleecker Street und den Papiermüll vor Johns Pizzeria. Der Freund hatte einen Plan. »Du kommst mit«, sagte er zu mir, »dann ist nicht gleich so ein Zweierdruck da. Und wenn ich dir ein Zeichen gebe, gehst du.«

Sein Plan bestand darin, einen Tag zu entwerfen, der jedem wie das Konzentrat eines gelungenen Lebens erscheinen musste, Ausstellungen, die Fahrt ans Meer, Weißwein in Montauk, abends Konzert, Essen im »Indochine«, die Jukebox von »Milano's Bar«. Es war nicht unsere Schuld, dass alles so vollendet schiefging.

Die erste Station sah vor, mit dem Dodge zum Hudson River zu fahren und dort auf einem alten Pier an der Charles Street mit Blick auf das morgendlich erleuchtete Hoboken zu frühstücken; dann würden wir ein paar Galerien zwischen Wooster und Canal Street anschauen, in denen der Freund seine Kenntnisse der Gegenwartskunst unter Beweis stellen könnte, woraufhin wir in die Hamptons fahren und schwimmen gehen, dann zurück nach New York fahren würden, wo ich mich schließlich unauffällig entfernen würde. Der Freund dachte lange über die Sitzordnung im Auto nach, verwarf die Idee, mit Justine hinten zu sitzen, und entschied sich für eine Anordnung, die Justine glauben lasse, sie fahre im Fond wie zufällig, weil es sich gerade so ergab, bei zwei phantastisch gelaunten Freunden mit ans Meer. Er ging zu Radio Shack, CDs für die Fahrt kaufen.

Leider verbrannte sich Justine, die immer schläfriger wirkte und mit offenem Mund hinter uns aus dem Haus trottete, schon gleich am Morgen auf dem Pier die Hand, weil der Kaffeebecher im Cupholder des Dodge festklemmte. Leider mochte sie die Kunst, die wir anschauten, nicht; leider schlief sie auf der Fahrt an die Strände von Southampton im Fond des Autos ein. Auf dem Long Island Expressway zogen die Namen der Ausfahrten vorbei, Jericho, Utopia, Namen, die dem Freund als hoffnungsvolle Zeichen erschienen.

Kurz vor Southampton wachte sie auf und freute sich über den Strand. Es war das erste und das letzte Mal, dass wir sie lächeln sahen. Die Luft war klar und salzig, und der Wind wehte schwach vom Meer. Wir gingen schwimmen. Justine tauchte unter einer Welle durch; wir sahen ihr glänzendes Haar zwischen zwei Schaumkronen auftauchen, sie erinnerte jetzt an einen hübschen Seehund. Ich ließ die beiden allein und fuhr weiter nach Montauk. Als ich später zum Strand zurückkam, lag Justine mit dem Gesicht nach unten in der Furche, die ein Geländewagen im Sand hinterlassen hatte, und schlief; mein Freund stand, die Hände in die Hüften gestützt, in der anderen Furche und schaute aufs Meer. Er war keinen Schritt weitergekommen.

Als Justine aufwachte, hatte sie einen Sonnenbrand. Ihre Haare standen jetzt nur noch einseitig ab, ihre Augenbrauen waren versandet, die Schulter und ihre Unterschenkel waren genauso rot wie die Stelle ihrer Hand, an der sie sich am Morgen verbrüht hatte. Warum er sie nicht eingecremt habe, fragte sie den Freund, der hilflos an seinem Hemdkragen herumnestelte und auf die Idee kam, sie gegen ihren erbitterten Protest ins Wasser zu tragen, wobei er der Länge nach hinfiel.

Wir fuhren nach Manhattan zurück. Justine schlief wieder; auf dem abgewetzten Velours der Rückbank bildete sich dort, wo ihr Kopf lag, eine kleine Sandlache. Das Abendprogramm – Essen im »Indochine«, verschiedene Bars – gefiel Justine erstaunlicherweise gut. Wir blieben bis drei Uhr morgens in einer Bar in der Bowery und verbrachten die Zeit damit, mattes Bier zu trinken und unsere Geburtstage in die Jukebox einzutippen; die 178 für den 17. August war Elvis' »Teddybear«, die 115, der Geburtstag des Freundes, irgendeine Engtanznummer, aber sogar für einen Engtanz war es zu eng in der Bar. Es war hoffnungslos.

Die nächsten Tage verliefen wie der erste. Nachts setzte ich Justine und den Freund ab und schlief im Auto am Gramercy Park (was sie nicht wissen durfte; offiziell wohnte ich in einem Hotel), während sich Justine nach dem Betreten der Wohnung sofort in eine tiefschlafende Mumie verwandelte. Ich entwickelte eine Technik, auf der Rückbank zu schlafen, ohne dass die Beine in den Fußraum fielen, beschloss aber mitten in der Nacht, die Rückbank halb umzuklappen und die Beine in den Kofferraum auszustrecken, was härter war, aber mehr Platz versprach. Ich sah jetzt aus wie das Opfer eines Gewaltverbrechens.

Am dritten Tag regnete es morgens. Vor dem »Gramercy Park Hotel« hing die Fahne nass herunter, über den goldenen Baldachin rauschte der Regen auf den Bürgersteig. Ich sah, als ich aufwachte, als erstes das Lenkrad des Dodge und den darauf abgebildeten Widderkopf. Der Widder ist das Symboltier von Dodge, auf jedem Lenkrad sieht man die Hörner des Widders.

Dieser Widder sprach mit mir. Der Widder fragte mich: »*Are you okay?*«, und es dauerte eine Weile, bis ich sah, dass die Stimme dem Polizisten gehörte, der mit einer Taschenlampe im Anschlag am Seitenfenster stand. Als ich mich bewegte, korrigierte der Polizist seine Frage zu einem strengeren »*Are you camping here?*«. Ich fuhr zu meinem Freund. Wir aßen Rühreier in einem Deli, er las die Zeitung, Justine schaute aus dem Fenster in den Regen und auf den glänzenden Teer der Straße. Ein Chihuahua stand zitternd im Rinnstein und hinterließ einen gelblichen Kothaufen. Ich ließ die beiden allein, nahm den Wagen und fuhr nach Queens.

In der nächsten Nacht fand ich ein kleines Hotel am Tompkins Square Park. Justine sagte, sie würde auch gern in einem Hotel schlafen, das Bett bei meinem Freund sei eine Zumutung. Sie wurde immer müder. Die letzten Tage in New York verbrachte sie mehr oder weniger schlafend in seiner Wohnung, dann reiste sie ab. Der Freund heiratete später eine andere Jugendliebe, und Justine habe ich nie wiedergesehen.

Drei Jahre später wohnte ich zum ersten Mal im »Gramercy Park Hotel«. Ein Stockwerk über mir wohnte ein junger deutscher Lyriker, der sich auf der Park Avenue für sehr viel Geld ein Paar fliederfarbene Schuhe gekauft hatte, um die ihn die modebewussten Japaner im Fahrstuhl sehr beneideten. Der Fahrstuhl machte, wenn er funktionierte, Geräusche, die an einen zusammensackenden Stahlturm erinnerten, auf jeder Etage gab es ein schabendes Geräusch, und das ohnehin abgestorben wirkende Neonlicht in der Kabine begann zu flackern. Ich wohnte weit oben in einem der Zimmer, auf die ich damals aus dem Auto geschaut hatte, und schaute in den Park hinunter. Gegenüber stapelten sich Wohnungen und Büros in die Höhe; vom Dach des gegenüberliegenden Gebäudes sah man nachts im Nebel die Türme des World Trade Center blinken.

Die Klimaanlage brummte so laut, dass man nicht schlafen konnte. Im Badezimmer und in den Fluren roch es nach Mückenspray, weil der »West Nile« grassierte, ein rätselhaftes Virus, das von Mücken übertragen wurde und dem einige New Yorker zum Opfer gefallen waren, weswegen die Behörden nachts Insektengift in den Straßen Manhattans versprühen ließen, worüber die »West Nile Spraying Schedule« in der *New York Times* informierte. Auch den Buchladen zehn Blocks südlich, in dem man bei Regen seine Zeit verbringen konnte, nachdem man im »La Tartine« in der West 11th Street gefrühstückt hatte, gab es noch, und im »Passerby« in der 15th Street legte immer noch der nette dicke Anwalt deutsche Schlager auf.

Das dritte Mal wohnte ich im »Gramercy«, als es renoviert war. Der Park sah auch aus den Fenstern des renovierten Hotels genauso aus wie damals aus dem Heckfenster des Dodge, nur dass es jetzt viel kälter war, es war Januar, und es schneite, und der Schnee machte die Leute verrückt; Seit dem Mittag hatten sie Sturmwarnungen gebracht. In Maine fiel der Strom aus, überall wurden Flüge abgesagt, das Land zog den Kopf ein – und dann kam der Schnee nach Manhattan. Fast siebzig Zentimeter Neuschnee im Central Park, mehr, als seit Beginn der Messungen im Jahr 1869 je gemessen wurde. Die drei New Yorker Flughäfen wurden geschlossen, auf Long Island blieben die Züge im Schnee stecken, und zwischen Maine und North Carolina trieb der Sturm den Atlantik auf die flachen Küstenstriche und überschwemmte die Ufer.

Der Schnee reichte, um die Spuren der Zivilisation aus Manhattan zu verbannen und es in die Felseninsel zu verwandeln, die es einmal war. Ich hatte im Restaurant des »Lever House« gegessen, das sich im Untergeschoss befindet und keine Fenster hat; als ich zwei Stunden später wieder auftauchte, war die Stadt verschwunden, und die Luft war kalt und trocken und frisch wie an einem verschneiten Tag in den Bergen. Es war still. Kein Motorengeräusch, nur entschlossenes, lautloses Schneetreiben. Der Schnee wehte durch die Straßen und wurde von den Fallwinden zwischen den Hochhäusern zu Spitznasen aufgetürmt, die Autos sahen aus, als hätten sich Dalís Elefanten überschlagen, unförmige Dinger mit spitzen Beinen aus Schnee und Eis darauf.

In den Seitenstraßen war eine absurde Phantasielandschaft entstanden, die Verkehrsschilder waren nicht mehr grün, sondern weiß, und was auf ihnen einmal stand, war nicht mehr zu lesen, nur ein paar wirre Buchstaben und Pfeile schauten unsinnig unter der weißen Schicht hervor. Auch Ladenschilder waren zugeweht; die Geräusche und die Schrift hatten sich gleichzeitig verabschiedet aus Manhattan. Wo man Häuser sah, hörten sie im dritten Stock wieder auf; darüber war alles weiß vor dichtem Schneetreiben.

Es gibt diese plötzliche Stille in New York sonst nur am Wochenende im August, wenn die Stadt wie ausgestorben ist und man morgens von der Hitze wach wird und der schwarze Schmutz auf den alten Backsteinen zu knistern scheint, wenn man auf die Straße tritt und das Gefühl hat, jemand halte einem einen Föhn in den Mund. Es war die gleiche Stille, nur vierzig Grad kälter. New York war zurückkatapultiert zu den Anfängen: ohne Straßen, ohne Häuser, eine schneeumstürmte Felseninsel in einem Fluss. Die einzigen Wagen, die jetzt noch fuhren, waren die Geländewagen, deren Fahrer triumphierend durch die Schneewehen donnerten, als hätten sie geahnt, wie dünn der Firnis der Zivilisation in Wirklichkeit ist.

Der Fahrer eines Range Rover Vogue schaltete mit rechthaberischem Blick die Getriebereduktion zu und wühlte sich erfolgreich aus einer Schneewehe am Straßenrand; man sah seinem zufriedenen Gesicht an, dass er diesen Wagen hatte kaufen wollen und nicht die Frau, die neben ihm auf dem Beifahrersitz saß und sich jetzt offensichtlich einen längeren Vortrag über die segensreiche Wirkung von mehrfachen Differentialsperren und großer Bodenfreiheit im New Yorker Stadtverkehr anhören musste.

Weil keine Taxis mehr fuhren, lief ich die 58ste Straße hinauf in Richtung Westen. Die Stadt sah nicht mehr nach New York aus. Die Stadt hatte sich in ein Gemälde von Sanford Robinson Gifford verwandelt, wilde Berge, tiefe Urwälder, stürzende Wasserfälle, es war die romantische amerikanische Landschaftsmalerei des 19. Jahrhunderts, in der die Nähe von totaler Zivilisation und absoluter Natur offenbar wurde – und dass diese Natur die Großstadt immer noch in eine wilde Felslandschaft verwandeln kann, beweist jeder Schneesturm, der in die Straßenschluchten von Manhattan hineinrast.

Der Schnee machte die Leute verrückt. Manche Paare wurden durch die klare Luft euphorisch, umklammerten sich, als wollten sie ein Vierbeiner werden, und bewarfen sich mit Schneebällen; ein Mann kaufte seiner Tochter einen Schaukeltiger, den das Mädchen trotz Protesten des Vaters als Schlitten benutzte.

Weil der Sturm nicht aufhörte, ging ich ins »Pain Quotidien« an der Ecke zur 7th Avenue, wo es warmes französisches Brot und guten Kaffee gab. Vor den beschlagenen Scheiben saß eine Frau, der die nassen blonden Strähnen ins Gesicht fielen; ein Mann in einem feinen Kamelhaarmantel wandte sich zum Fenster und murmelte etwas in sein Mobiltelefon, dann drehte er sich zurück zum Tisch und sagte, sein Flug sei abgesagt worden, er bleibe noch über Nacht. Na, so was, sagte die Frau und lächelte.

Beide gingen wenig später. Vielleicht war sie seine Frau; vielleicht hatte er anderswo eine Frau, und die hier war eine, die er gerade kennengelernt hatte oder heimlich traf, und der Schnee hatte ihnen eine weitere Nacht beschert. Sie erinnerte mich ein bisschen an Justine, aber sie sah munterer aus. Ich dachte an die Einzimmerwohnung und den Kofferraum des Dodge. Oben auf dem Zimmer trieb der Schnee am Fenster vorbei. Dies war kein Zimmer in einem Turm, sondern eine amerikanische Präriehütte auf einem Felsen. Unten, wo einmal die Straße und der Park zu sehen waren, machte der Schneesturm gerade dreihundert Jahre Geschichte unsichtbar.

USA, PALO ALTO

LOVE NEST
UND FÜNF-
MILLIARDEN-
DONUT

**D**ie Tür des Love Nest ging einen spaltweit auf, und der Kopf von Dakota Kaiser schaute heraus. Es war elf Uhr morgens, und niemand war wach; wir hatten die morgendliche Ruhe der Kommunenbewohner in diesem ohnehin sehr ruhigen Viertel von Palo Alto gestört. Das Haus in der Harriet Street 1181 war ein brauner Holzbungalow aus den sechziger Jahren mit einem Holzschindeldach und einer sehr akkurat geschnittenen Hecke im Vorgarten, an der Tür hing ein Schild, auf dem auf Deutsch »Willkommen« stand. Vor dem Haus parkte ein alter weißer VW-Bus, dessen Stoßstange eine Kollision nicht gut überstanden hatte, an der Heckklappe klebte ein Janis-Joplin-Sticker.

Es hatte ein paar Minuten gedauert, bis Dakota aufmachte, barfuß, lange Haare, sehr gewinnendes Lächeln: Guten Morgen, gerade aufgestanden, herein. Im Wohnzimmer hatte man die Möbel durch bettengroße Riesenkissen ersetzt, am Kamin hing eine Fahne, die einen psychedelischen Baum darstellt. Eine sehr freundliche junge Frau tauchte hinter einer Gardine auf, sie war, wie sie erzählte, gerade ein halbes Jahr auf Bali gewesen. Sie zeigte auf ein Schild, das »Free Hugs« verspricht, und sagte:
— *We are a hugger family.*
Hinter den Gardinen standen Hochbetten, aus denen sich jetzt, wie vom Tageslicht überraschte Vampire, ein paar verpudelte

Gestalten herausschälten. Sie hatten außer T-Shirts nichts an und machten sich mit verquollenen Augen einen Kaffee. Ein schweigsames Mädchen mit durcheinandergeratenen schwarzen Haaren stand auf einem Bein vor dem Badezimmer und versuchte etwa zehn Minuten lang, nur ein Auge zu öffnen. Dann ging sie wieder ins Bett. Im Innenhof hinter dem Küchenfenster parkte eine schwarze BMW R25 aus den fünfziger Jahren. Eine freundliche Frau mit bauchfreiem T-Shirt tauchte auf und wollte ihren Bus vorführen, sie hatte den VW-Bus mit Kissen und Decken zu einem fahrenden Schlafzimmer ausgebaut und fuhr jetzt von Community zu Community. Die Love-Nest-WG, erzählte sie, wollte aus der Harriet Street umziehen in ein größeres Haus, aber die Vermieter dort hätten gesagt, sie vermieteten nur an Familien.

— Dabei sind wir eine Familie!

Hier, im ehemaligen Martini-Modernism-Einfamilienbungalow, dem man noch ansah, dass der Architekt ihn für eine amerikanische Kleinfamilie entworfen hatte, die an Weihnachten mit ordnungsgemäßen Seitenscheiteln Dean-Martin-Platten auflegt und später am Abend in Polyesterhemden und -kleidern Dirty Martinis trinkt – in diesem Haus wohnten jetzt zwölf Leute. Zu den Ritualen dieser Familie aus Freunden und Gleichgesinnten gehörte es, sich gegenseitig mit Körperfarben anzumalen. Alles sah so aus, als hätten die Bewohner des Love Nest vorher als Exponate in einem Hippiemuseum in San Francisco gearbeitet. Aber dieser Eindruck war ganz und gar falsch.

Dakota ließ sich elegant auf den dicken Teppich im Wohnzimmer fallen und schwang sich in den Schneidersitz wie jemand, dessen natürliche Bestimmung es ist, über Teppiche zu schweben. In der Ecke, hinter einem Berg von grünen und roten Kissen, lagen Kerzen und Verteilersteckdosen herum. Ein paar der Bewohner, sagte Dakota, darunter auch er, seien Mitglieder

der Tribal-Awakening-Bewegung (»celebrates the earth beneath our feet«). Auf seiner Facebook-Seite ist unter Universität vermerkt, er habe in Los Angeles »Awareness« an der »University of Self Mastery« studiert. Morgens machen sie hier zusammen Yoga. Manchmal haben sie in der gleichen Sitzposition einen Laptop auf dem Schoß, dann findet hier ein »Hackathon« statt – was nach einem lustigen anarchischen Hackertreffen klingt, aber mittlerweile ein eigener Wirtschaftszweig ist: Die Treffen, bei denen es darum geht, gemeinsam Hardware oder Prototypen für Softwareprodukte zu entwickeln, wurden immer mehr professionalisiert, aus einigen wurden eigene Start-ups wie das GroupMe, das für 85 Millionen Dollar von Skype gekauft wurde.

Im Love Nest wird aber nicht an einer Hippiewelt und nicht an Text-Message-Systemen gearbeitet; das Haus ist trotz seines Flowerpowernamens eine sogenannte Tech-Kommune, von denen es immer mehr im Silicon Valley gibt. Was oft nicht mal an der Wiederentdeckung der kalifornischen Hippiekultur liegt, sondern an den Mietpreisen der Bay Area: Facebook-Mitarbeiter geben für eine Wohnung im Umkreis von fünf Meilen um die Facebook-Zentrale im Schnitt über 5800 Dollar aus, das kann sich aber nur gut ein Zehntel der Belegschaft leisten, ein Drittel pendelt jeden Tag zwischen zwanzig und vierzig Meilen zur Arbeit – und zahlt dort immer noch durchschnittlich 3700 Dollar. In Downtown San Francisco, wo Twitter, Uber und Pinterest residieren, zahlt man über 5000 Dollar. Vor allem der Preisdruck hat die alte Idee der Kommune wiederaufleben lassen: Das Haus in der Harriet Street gehört zu einem Verbund von neuen Wohnkommunen, die bekannteste ist SF Embassy, eine Mischung aus klassischer Kommune, öffentlichem Salon und Gästehaus mitten in San Francisco, in der dreizehn Bewohner, wie es auf ihrer Website heißt, am »experimentellen, fließenden Umgang mit Raum, Ritualen des Teilens und der

Schaffung neuer Daseinsformen« arbeitet. Teilen und Zusammenarbeit, Sharing und Collaborative sind die meistverwendeten Worte, wenn man mit einem von ihnen spricht. Außerdem sei SF Embassy eine »Sex positive comunity«, was bedeute, man »ermögliche und feiere sexuelle Verschiedenheit, unterschiedliche Begierden und Beziehungsstrukturen«, wobei die »Yes means Yes-Policy« (es muss ein eindeutiges »Ja« dazu ermutigen, etwas miteinander anzufangen, bei missverständlichem Schweigen ist es untersagt) »unnötige Verletzungen in diesem Prozess« vermeiden soll. Einer arbeitet bei Google in der Ethik-Abteilung, einer ist Finanzexperte, eine britische Neurowissenschaftlerin mit auberginefarbenen Haaren ist dabei und der CEO von Peerby.com, einer Ausleih-Nachbarschaftshilfe-Plattform im Internet.

Im Love Nest geht es noch um etwas anderes. Es wurde von »Crypto enthusiasts« gegründet, Hackern und Aktivisten wie Joel Dietz, die an die Zukunft von Bitcoin glauben, einer sogenannten Kryptowährung. Dietz hat in Europa klassische Poesie und antike Mythologie studiert, sich dann aber für das dezentrale digitale Direktzahlungssystem Bitcoin interessiert, weil es, wie er glaubt, die Möglichkeit mit sich bringt, die Macht der Federal Reserve und der Wall Street zu brechen (weswegen es nicht verwundert, dass in dem Haus in der Harriet Street Guy-Fawkes-Masken, das Symbol von Occupy und Anonymous herumliegen).

Wir hatten es hier also mit einer utopisch-linken Hightech-Kommune zu tun, die den internationalen Kapitalismus mit der Aushebelung der Geldemissions- und Distributionswege erledigen will. Bitcoin wird über einen Zusammenschluss von Rechnern mit einer sogenannten Peer-to-Peer-Anwendung abgewickelt, das Guthaben der Teilnehmer wird in digitalen Brieftaschen gespeichert, eine dezentrale Datenbank speichert alle

Transaktionen, es gibt keine geographischen Beschränkungen, Bitcoin, sagen seine Befürworter, ist eine Währung für die ganze Welt. Außerdem sei Bitcoin ein Schutz gegen die bloß bankenfreundliche Inflation, die die Ausweitung der Geldmenge nach der Finanzkrise mit sich bringe.

Kritiker monieren, da das Kryptogeld vom Staat nicht kontrolliert und sein Fluss nicht gesteuert werden könne, sei es ideal für Steuerhinterzieher und Geldwäscher, Konjunkturpolitik sei nicht mehr möglich. Im Love Nest sind sie überzeugt, dass es eine Strategie gegen die von Unternehmen ohnehin emittierten privaten Zahlungsmittel, gegen »Amazon Coins« und »Linden Dollars« und »Facebook Credits«, mit denen die Bewusstseinskonzerne ihre Kunden an sich binden wollen, geben müsse. Wenn Uber und Airbnb großzügige Provisionen für die Transaktionen nehmen, die durch sie möglich werden, wollen die Hacker ein System entwickeln, wie man diese Abgaben umgeht. Die Hacker arbeiten andererseits auch für Facebook. Es ist ein bisschen so, wie wenn auf jeder Seite hundert Leute an einem Schachspiel sitzen, ein Overkill der Strategen: Der Streit, ob Facebook der Teufel oder ein gutes Werkzeug für eine bessere, von korrupten politischen Systemen und Großkonzernen unabhängige Kommunikation und Meinungsbildung sei, erinnert an die Diskussionen um das Für und Wider des Maoismus in den sechziger Jahren.

Weil wir wissen wollten, wie es dem neuen Menschen im Silicon Valley sonst so geht, fuhren wir ins Zentrum von Palo Alto. Es war windig und kühl, vom Pazifik zogen die Wolken in die Bay Area, und der neue Mensch klappte den Kragen hoch und ging in einen Laden bei der University Avenue, in dem man den Prototypen einer Drohne kaufen kann, die den gesamten Tag über einem fliegt und Fotos macht, oder den schwarz schimmernden Oura-Ring, der nachts Informationen über Herzschlag, Atmung und Temperatur ans Mobiltelefon sendet; morgens kann man dann schauen, ob man lang und gut genug geschlafen hat, um am Tag optimale Leistung zu bringen. Wer nachts mit einem Blutdruckmessgerät schlafen muss, wurde in der alten Welt mit Sorge und Mitleid betrachtet, hier ist es das Schickste, was man tragen kann; man schmückt sich sozusagen mit seinen eigenen Daten. Wir fuhren an einem Yoga-Studio vorbei, in dem Menschen, während sie Yoga machten, ihre Atmung als Kurve auf ihr Display schicken ließen. Wir standen um 9.29 Uhr auf der Ramona Street, als die Mobiltelefone aller auf der Straße herumlaufenden Menschen plötzlich auf einen Schlag ein Geräusch machten, als ob sie explodieren würden, als sei die Apokalypse der totalen Konnektivität eingetreten; Hunderte von Mobiltelefonen heulten, ferngesteuert, wie Sirenen – ein »Amber Alert«: Auf dem Display erschien die Information, dass jemand in der Nähe in einem Honda Accord entführt werde.

Wir fuhren vorbei an der Villa eines Tech-Investors, vor der ein Tesla-Elektroauto an seinem Ladekabel hing, als sei es ein Pferd, das jemand vor dem Saloon angebunden hat. Wir fuhren bis ans Ende der Willow Road und fuhren zweimal am größten Großraumbüro der Welt vorbei, ohne es zu sehen – so unsichtbar ist das, was der eigentlich fürs Unübersehbare bekannte Frank Gehry da gebaut hat. Das erste, was man sieht, ist nicht der Neubau, sondern ein blauer Daumen am Eingang der alten Firmenzentrale, das Symbol, das für alle erkennbar ist als das wahre Symbol der neuen Macht: der Daumen, den Facebook-Benutzer von ihrem Like-Button kennen, mit dem man Dinge, Videos oder Personen als »Gefällt mir« markieren kann – oder eben nicht. Karrieren von Produkten oder Stars können mit diesem Daumensymbol gemacht oder beendet werden, je nachdem, wie viele Likes einer auf Facebook bekommt.

Die Massenabstimmung über Like-Buttons hatte man sich 2007 bei Facebook ausgedacht; 2009 wurde der Daumen eingeführt, und bei 1,6 Milliarden Facebook-Benutzern weiß man heute auch noch im hintersten Winkel der Welt, dass das Symbol eine der teuersten Waffen des kognitiven Kapitalismus ist. Wenn man einer Studie der Universität Stanford glauben darf, die sechsundachtzigtausend Facebook-Nutzerprofile ausgewertet hat, dann reicht die Analyse von siebzig Likes, um ein besseres Persönlichkeitsprofil zu erstellen, als es in einem Gespräch je möglich wäre – und die Auswertung von hundertfünfzig Likes verrate mehr, als die eigene Familie und Freunde über einen wissen. Von einer solchen Informationsflut wagte die Marktforschung noch zur Jahrtausendwende nicht einmal zu träumen; kein Wunder, dass Facebook mit einem Wert von 325 Milliarden Dollar das sechstteuerste Unternehmen der Welt ist und 2016 laut *Economist* mehr als 50 Milliarden Dollar an Werbeeinnahmen erwartet.

In Menlo Park werden die neuen Goldstandards eines kognitiven Kapitalismus gesetzt, der nicht mehr mit Waren-, sondern mit Wissensproduktion Geld verdient – und deswegen ist es nicht verwunderlich, dass die alten Headquarters nicht mehr groß genug sind. 2013 bekam Frank Gehry von Facebook-Gründer Mark Zuckerberg den Auftrag, die Steuerzentrale des von 1,6 Milliarden Usern besiedelten Kontinents Facebook zu bauen, den Regierungssitz der neuen Likeokratie. Das Ergebnis ist eine Überraschung.

Kaum ein wichtiges Tech-Unternehmen, das sich nicht gerade ein architektonisches Denkmal setzt: Fünfundzwanzig Kilometer von Facebook entfernt entstehen die neuen Apple-Headquarters, auf halbem Weg wird der »Googleplex« errichtet. Für Apple baut Sir Norman Foster in Cupertino einen 5 Milliarden Dollar teuren Donut aus Glas für dreizehntausend Angestellte, allein der Innengarten wird einen Durchmesser von einem halben Kilometer haben. In Montain View baut Bjarke Ingels mit Heatherwick Studio für Google den zweihundertviertausend Quadratmeter großen »Googleplex«, in dem die Arbeit unter gläsernen Zeltdächern stattfinden wird, wie sie Frei Otto fürs Münchner Olympiastadion und Buckminster Fuller für die Zukunftsstädte der sechziger Jahre entworfen hatten: Während der Tech-Unternehmer Elon Musk auf den Mars will, schaut die Architektur des Silicon Valley ästhetisch noch bei der Mondlandung zu; offenbar sind die überzeugendsten Bilder für »Zukunft« immer noch die, die im Jahr 1969 erfunden wurden.

Der Facebook-Bau ist ganz anders. Noch nie hat man gesehen, dass ein Unternehmen so viel Wert darauf legt, kein ikonisches Gebäude zu bauen, sondern eines, dessen Fassade hinter Stahltreppen und Gebüsch unsichtbar wird und das sogar aus der Luft wegen seines riesigen Dachgartens kaum von der Natur drum herum zu unterscheiden ist. Und es ist eine geradezu bizarre Pointe, dass dieses Hauptwerk einer neuen Ästhetik der Unsichtbarkeit von einem Architekten entworfen wurde, der den Ruf hat, die auffälligsten Bauskulpturen der Gegenwart zu errichten: Frank Gehry. Bei dem mittlerweile siebenundachtzigjährigen Architekten machte man sich seit Jahren Sorgen, dass er die spektakulären Kurven seines Guggenheim-Museums von 1997 so lange durch den Mixer drehen würde, bis auch der letzte Kunstsammler seinen Bilbao-Effekt bekommt; alle seine Gebäude sahen zuletzt irgendwie gleich aus, nämlich wie mit dem Sushi-Messer in Stücke gehauene Stahlfische. Und jetzt baut Gehry plötzlich das genaue Gegenteil: ein Haus, das vollkommen verschwindet, das eher an eine umgenutzte Fabrikhalle erinnert.

Gehrys Bau will offensichtlich keine Skulptur, kein Signet sein. Er ist radikal funktional. Fünf improvisiert aussehende

Stahltreppen mit Furnierholzverkleidung führen von der Park-ebene in eine vierhundertfünfzig Meter lange Halle, das größte Großraumbüro der Welt: einen vierzigtausend Quadratmeter großen Raum, in dem zweitausendachthundert Angestellte ar-beiten. Die Tische sind zu Arbeitsinseln zusammengestellt, da-zwischen gibt es zimmergroße Häuser und schmale Straßen. Das Innere der Halle ist wie eine Stadt angelegt, mit unter-schiedlichen Vierteln und Graffitikunst an den Holzhüttenwän-den. Es gibt kleine Plätze, die mit Sofas möbliert und seltsame Zwitter aus Wohnzimmer und Straßenecke sind – was ein ganz gutes Bild für die weitgehende Auflösung alter Kategorien des Privaten und des Öffentlichen, des Innen und Außen ist. Tat-sächlich ist durch die Größe der Halle und die dicke Decke aus Erde, die viel Hitze absorbiert, die Luft in Gehrys Bau so gut wie draußen, und das Licht, das durch die Skylights fällt, wirkt wie das auf einer Lichtung.

Es besteht ein großer ikonographischer Unterschied zwi-schen der Facebook-Zentrale und den Repräsentationsbauten anderer Tech-Konzerne, etwa Amazons neuer Glaskugel-Bio-sphäre im Stil der Zukunftsvisionen von Buckminster Fuller aus den sechziger Jahren, die gerade in Seattle entsteht. Die neue Apple- und die neue Amazon-Zentrale gegen Facebook – das ist auch Designobjekt gegen Weak Form Space, die Welt der physi-schen Objekte gegen die virtuelle Netzwelt. Amazon verschickt Produkte, Apple stellt Produkte her – Facebook Verbindungen und Bewertungen. Eine von innen nach außen gebaute Anti-Skulptur ist vielleicht auch programmatisch für einen Konzern, der sein Geld eben nicht mehr mit dem Verkauf von Objekten macht. Gehrys Halle hat andere ikonographische Bezugspunkte: Sie sieht aus, als sei sie die größte aller Garagen, in denen dem Valley-Mythos zufolge alle großen Ideen entwickelt wurden – und zwischen den offenen Lüftungsrohren, den Stahlträgern, dem Kabelwirrwarr wirkt der Bau auch wie ein technischer Dschungel: Man fühlt sich, als wandere man im Inneren eines gigantischen Steuerteils herum. Gegen die nostalgischen Zukunftsbilder von Apple und Amazon stellt Gehry den Bautypus der großen Halle, wie sie auch für die anderen typischen Bauten des Internet-Zeitalters entstehen, für Gigaserver-Farmen und Retail-Center – und camoufliert sie, als müsse man sie gegen Luftangriffe absichern, mit Erde, Gras und Bäumen.

Tech-Euphoriker, die Facebook vor allem als ein Mittel sehen, sich (bald auch mit Drohnen, die das Internet in abgelegene Regionen der Welt bringen) über nationale Grenzziehungen und politische Einschüchterungsversuche hinwegzusetzen und zu solidarisieren, werden das Dach als symbolische Aufbruchslandschaft lesen: Die Angestellten wandern unter Bäumen, als wolle man die Ankunft der Pioniere des 19. Jahrhunderts in den Weiten der Westküste nachstellen.

Man kann die Camouflage des Gebäudes, seine Ästhetik der Unsichtbarkeit, aber auch als programmatische Setzung lesen. Man weiß, wenn man vom begrünten Dach in die Weite der Baylands schaut, nicht mehr, was Facebook ist und was Natur. Facebook wird selbst eine zweite Natur, die begrünten Headquarter kommen uns als freundliche Naturgewalt entgegen, als, wie Roland Barthes schrieb, »Verwandlung von Geschichte in Natur«: Das soziale Netzwerk wird natürlicher Teil unseres Ökosystems, die Macht und ihre Betriebssysteme verschwinden unter der Erde, sie tarnen sich als Natur, als alternativlos. So entsteht in der Facebookgooglewelt ein geschlossenes ökonomisches Ökosystem, das keine wirkliche Wahlfreiheit zulässt: Wenn das Handy schon automatisch ein Uber zum Flughafen vorbestellt, ist es fast unmöglich, ein billigeres Taxi oder den Zug zu nehmen. Und es ist noch die Frage, ob die Entscheidungen, die die Künstliche Intelligenz dem Nutzer abnimmt, zu seinem Vorteil oder zu dem der vernetzten Großanbieter sind.

Wir fuhren zurück nach Palo Alto. Es gibt zwei Sorten von Bussen, die durch East Palo Alto fahren: die weißen Reisebusse, in denen die Computer-Nerds zu Facebook fahren, und die alten VW-Busse der Neo-Hippies wie der, der vor dem Love Nest parkt, aber wie gesagt: Wenn man glaubt, die einen hätten mit den anderen nichts zu tun, irrt man sich. Es ist vielleicht eine europäische Vorstellung, dass man entweder Hippie sein und auf das Atmen der Natur hören und dem technischen Teufelszeug der Moderne kritisch bis feindselig gegenübertreten *oder* Techno-Nerd sein kann, der mit Freunden neue Apps und Programme entwickelt. In den Tech-Kommunen werden die neuen Technologien als Instrumente betrachtet, mit denen endlich die Utopien der sechziger Jahre – die ganze Welt kann miteinander kommunizieren, unabhängig von politischen und ökonomischen Filtern – realisiert werden können. Dass Love Nest die Bauform, die wie keine für die Vereinzelung und Aufspaltung der westlichen Nachkriegsgesellschaft in Kleinfamilieneinheiten stand, den Vorstadtbungalow für ihre Sharing-Collective-Zwecke besetzt und verwandelt, ist da nur folgerichtig.

Die Frontlinie verläuft nicht zwischen den Technophorikern und Technophobikern, sondern an unterschiedlichen Zielen entlang: Auf der einen Seite wird das Spielen und Rumhängen, die Sorge um den eigenen Körper, der Yoga-Wahnsinn der alten Hippies von einem Teil der Tech-Welt aufgesogen und verknüpft mit den Selbstüberwachungsgeräten, die einem auflisten, wann man nicht *focused* genug war – all das aber bloß mit dem Ziel, die eigene Leistungsfähigkeit und Kreativität bei der Arbeit zu erhöhen.

Auf der anderen Seite gibt es aber eine Aktivistenszene, die, anders als ihre technikfeindlichen Vorfahren, Facebook und Social Media benutzen wollen, um die Massen zu politisieren und zu aktivieren; seine Privatsphäre könne man durch Netzwerke zur Anonymisierung von Verbindungsdaten wie den Tor Browser schützen, und wenn die Macht der Bewusstseinskonzerne darin bestehe, unser zukünftiges Ich vorauszuberechnen, dann müssten wir das eben besser tun und die Spekulationen über unser zukünftiges Ich aus einer möglichen Zukunft heraus aushebeln: Dies ist der politische Arm des Silicon Valley, der die Wissensproduktion in den Netzwerken nicht zur Steuerung und Vorausberechnung, sondern zur Ermächtigung und Selbstbestimmung der User einsetzen will.

Als wir die Harriet Street verließen, meldeten die Nachrichten, dass Bernie Sanders Wyoming gewonnen hatte. Das Titelbild des *Economist* zeigte Mark Zuckerberg als Kaiser Augustus, und natürlich zeigte sein Daumen steil nach oben.

## DEUTSCHLAND, MANHEIM

## DAS HAUS
## VON
## HUSSEIN BALO

**H**ans-Hermann Memmersheim steht in seinem Wohnzimmer zwischen Palmen und Stilmöbeln und zeigt auf eine silberne Figur.

— Sie wissen, was das ist?

Es ist die Kühlerfigur eines Rolls-Royce. Memmersheim fährt einen Rolls-Royce, er hat auch einen Bentley, in dem Örtchen Manheim hatte er eine Garage, in der seine Oldtimer stehen. Dort, wo er jetzt wohnt, kann er sie schlecht alle parken, ist noch eine Baustelle, ein ganz neuer Ort, Manheim-Neu. Memmersheim hat sich hier ein Haus gebaut, wobei: Haus! Es ist eher eine Burg, gemauert aus alten Steinen, mit einem Turm, an dem Memmersheim Zuganker hat anschrauben lassen, damit das Haus noch älter aussieht. Mit Steingesimsen. Das Haus sieht aus, als stehe es schon sehr lange da, als komme es aus einer Zeit, als »Gesimse« noch nicht bedeuteten, dass man seine Zeit mit dem Verschicken von sinnlosen SMS verbringt, sondern ein Bauglied, das aus einer Wand hervorragt. Der Architekt Memmersheim würde gern, das sieht man seinen Häusern an, im 19. oder im frühen 20. Jahrhundert leben, er mag Patina, das Alte – alles, was es in dem Ort, in dem er jetzt lebt, nicht gibt. Denn den Ort, Manheim-Neu, gibt es erst seit ein paar Jahren, und es gibt ihn nur, weil das alte Manheim – nicht Mannheim, sondern Manheim bei Kerpen, nicht weit entfernt von

Köln, ein Dorf in einer kahlen, flachen Tagebaulandschaft – abgerissen werden muss.

Manheim ist mehr als tausendeinhundert Jahre alt. Der Ort wird zum ersten Mal im Jahr 898 in einer Schenkungsurkunde des Königs Zwentibold erwähnt, es gibt Bauernhöfe und eine neogotische Kirche und rotbraune Häuser, in deren Steinen sich der Ruß festgesetzt hat. Hier wohnten einmal mehr als tausendsiebenhundert Menschen, aber der Tagebau kam immer näher, man wusste schon lange, dass Manheim vom größten Loch Europas verschluckt werden würde, dem Tagebau Hambach, der einmal eine Abbaufläche von achttausendfünfhundert Hektar haben wird. Auch die Kartbahn Erftlandring, auf der Michael Schumacher fahren lernte, wird abgebaggert, wie das hier heißt.

Die RWE Power AG hat auch in Manheim die Häuser gekauft, in ein paar Jahren kommt die »bergbauliche Inanspruchnahme«, der Abriss. 2012 begann die Umsiedlung. Viele nahmen die Entschädigungsgelder der RWE, bauten sich im acht Kilometer entfernten Manheim-Neu ein neues Haus und fuhren nur manchmal zurück und sahen, wie ihre alten Bungalows vermoosten. Alt-Manheim wurde zum Geisterdorf. Auch Memmersheim, der Architekt mit den Luxusautos, siedelte um.

— Ich bin wohlhabend.

Er stützt sich auf eine vergoldete Figur, die zwischen zwei ausladenden Zimmerpalmen in seiner Dachwohnung steht und das Ganze noch mehr wie eine etwas überdrehte Orientphantasie aus den Tagen des britischen Empire aussehen lässt.

— Ich hätte überall hinziehen können. Aber man hat ja Bindungen zu den Leuten aus dem Ort.

Für die wohlhabenderen Manheimer hatte Memmersheim in seinem alten Heimatdorf solide Ein- und Mehrfamilienhäuser gebaut, aus alten Backsteinen, damit sie wie alte britische Herrensitze aussehen; wer Geld hatte, bekam auch einen Turm, wie er sich selbst einen gebaut hat.

Nicht jeder im Ort hat einen Rolls-Royce. Viele Manheimer arbeiten bei Ford oder waren im Tagebau, sie haben wenig Geld und wenig Entschädigung bekommen, sie haben sich mit dem, was sie für ihre alten Häuser bekommen haben, in Manheim-Neu neue Häuser gebaut. Viele ihrer neuen Häuser sehen etwas karg aus.

Die Lage ist ein bisschen bizarr, denn ihre alten Häuser, die sie verlassen mussten, weil 2020 der Abriss kommt, sind nicht mehr unbewohnt.

Seit September 2014 werden in den aufgegebenen Häusern Flüchtlinge einquartiert. In Kerpen war der Platz knapp, die RWE überließ dem Kreis die leeren Häuser von Manheim – »und wo wir Raumtopographien finden, die geeignet sind, sagen wir vielen Dank«, sagt die Kerpener Integrationsbeauftragte Annette Seiche. Man habe erst mal siebzig Personen untergebracht, in Absprache mit dem Bürgerbeirat, demnächst werden es vierhundert Flüchtlinge sein, oder mehr, was für die Ureinwohner der Gegend seltsam ist: Sie sitzen in Manheim-Neu in Neubauten, die so weiß und nackt sind wie ein schnell hochgezogenes Containerdorf, weiße Container in einer Sandwüste, es wächst nicht so viel in Manheim-Neu außer den seltsamen schraubenförmigen Buchsbäumen, die, wie das Symbol einer Geheimsekte, vor jeder geteerten Garageneinfahrt stehen. Frischer, malagafarbener Dämmputz, weiße Plastiksprossenfenster, alles sieht aus wie mit »Domestos« poliert.

Die Flüchtlinge sitzen dafür in uralten deutschen Bauernhäusern und Kleinfamilienbungalows der sechziger Jahre, es sieht aus wie eine letzte Scheinblüte des großen bundesrepublikanischen Traums: eine syrische Familie mit sechs Kindern in einem Bungalow, dreißig Iraker auf dem Hof – so krachend voller Leben waren deutsche Dörfer zuletzt vor der Industrialisierung, in einem der nostalgischen Häuser, die der Architekt Memmersheim im alten Ort Manheim als Mehrfamilienhaus in der Kölnstraße gebaut hat, wohnt jetzt wirklich eine Großfamilie, wie es sie in Deutschland nicht mehr gibt: dreißig Menschen in einem Haus, alle verwandt.

Wir wollten die neuen Bewohner der deutschen Einfamilienhäuser treffen, aber eine halbe Stunde lang war dort in der Kölnstraße, im von fast allen Einwohnern verlassenen alten Manheim, niemand zu sehen. Man sah: leere Straßen, verlassene Läden, erfroren aussehende Tannen, Jägerzäune, Häuser mit heruntergelassenen Jalousien, die aussahen, als wären sie gestorben. In einem Garten quietschten die Flügel einer Dekorationswindmühle unentschlossen im Wind, an der Bushaltestelle hing ein Plakat mit dem Gesicht von Dieter Bohlen, darüber stand »Willkommen zuhause«, eine Werbung für RTL. Es war aber keiner zu Hause, und Dieter Bohlens eingefrorenes Lachen war eine stumme Drohung.

Schließlich tauchte doch noch jemand auf. Es war Hussein Balo, dreiundfünfzig Jahre alt, geboren im Nordirak, Besitzer einer Hühnerzuchtfarm in der Nähe von Mossul. Er hielt einen Spielzeugtraktor in der Hand, den jemand seinen Kindern geschenkt hatte, einen solchen Traktor, sagte er, hatte er auch, bis der IS ihn zerstörte. Der IS erschoss siebenunddreißig Menschen, die zu seiner Familie gehörten. Balo floh im letzten Moment mit seinen Kindern und Enkeln.

Balo wohnt mit seiner Familie in dem Haus, das Memmersheim entworfen hatte. Er kam aus Mossul in ein deutsches Mehrfamilienhaus, dem der Architekt das Kostüm eines britischen Herrensitzes verpasst hatte. Hier wohnt Balo mit seinen Frauen, Kindern und Enkeln.

Wir folgten Balo in das Haus, innen ist es eher ein Zweckbau,

Neonlicht, billige Fußböden, Steinfliesen im Treppenhaus. Am Klingelschild stehen jetzt dreißig Namen. Neues Deutschland!

Eine Frau kommt und bietet Tee an. Die Kinder springen im Kreis, es gibt Verständigungsprobleme, weswegen Balo erst einmal einen Film auf seinem Mobiltelefon zeigt. Man sieht dreißig Menschen auf einem Schlauchboot: Blaues Wasser, Schaumkronen, weiße Gischt im Gegenlicht, es sieht aus wie die Filme, die einem Leute statt Dias zeigen, wenn sie aus den Ferien zurückkommen – nur dass dieser Film die Flucht der Familie über das Mittelmeer zeigte: dreißig Menschen in einem Schlauchboot, das Balo von dem Geld, das er für die Autos bekommen hat, gekauft hat und selbst übers Meer steuert, die großen Kinder liegen auf den Kleinen, damit sie im Seegang nicht über Bord gehen und ertrinken, Balo versucht die Wellen so zu nehmen, dass sie das Boot nicht umkippen, nicht alle können schwimmen; im Film sieht man, wie die kleineren Kinder lachen.

Jemand hält ein weiteres Mobiltelefon hoch, es wird jetzt parallel mit Fotos und mit Google translate kommuniziert: Die Familie Balo war in ihrem Auto unter Beschuss des IS geraten. Die Scheibe von Balos Auto zerbrach, aber die Projektile trafen nicht die Kinder, nur die Scherben; Balo zeigt die Narbe, die einer seiner kleinen Söhne im Gesicht trägt. Sie waren dann mit drei Autos geflohen, erst nach Bagdad, dann in die Türkei, dann übers Meer nach Athen, jetzt leben sie – Vater, Mutter, sieben Söhne, fünf Schwestern, ihre Männer und Kinder – hier in Manheim, in einem deutschen Mehrfamilienhaus im britischen Stil, entworfen von einem Rolls-Royce fahrenden Provinzarchitekten, in einem eigentlich schon aufgegebenen Ort, einem Dorf, das aussieht, als sei Deutschland von seinen bisherigen Bewohnern verlassen worden.

Es wurde für die Flüchtlinge ein Patenkreis gebildet. Die Paten kommen aus den Nachbarorten Blatzheim und Buir und aus Kerpen, sie bringen Matratzen, Decken und Kleidung, viele sind Rentner, sie schleppen, dass man Angst bekommt, sie kriegen einen Herzinfarkt.

Nicht alle freuen sich über die Wiederbelebung des fast schon toten Ortes. Wir treffen auf einen freundlichen jungen Mann mit einem weniger freundlich aussehenden Hund. Der Mann ist in Manheim aufgewachsen, sein Vater war bei Ford in Köln, vor der Tür parkt ein Ford Focus Kombi. Sie werden, wenn sie aus dem Haus rausmüssen, zwar in Manheim-Neu bauen, das Haus dort aber vermieten. Vielleicht ziehen sie nach Bergisch Gladbach, sagt seine Frau und lächelt; da ist es schön.

Und wie ist es hier?

— Na ja.

Der Mann deutet auf den Transporter eines Elektrikers.

— Erst kommt der Elektriker, dann der Klempner und dann die Flüchtlinge.

— Und wie geht es mit den Flüchtlingen?

— Na ja. Das ist eine andere Kultur. Das passt hier nicht so hin. Das ist meine Meinung.

— Was ist denn passiert?

— Die Kinder rennen zum Beispiel gegen das Auto, die lehnen da dran, die laufen einfach dagegen, das ist bei denen so.

Einmal haben die Kinder an einem Vormittag den Vorgarten komplett umgegraben und die Erde auf die Straße geworfen. Eine öffentliche Straße, voller Gartenerde.

— Die akzeptieren nicht, dass das Privateigentum ist. Früher kannte hier jeder jeden, die Garage war immer offen, wir haben nie abgeschlossen.

Dann waren plötzlich seine Winterreifen weg, geklaut.

— Von Flüchtlingen? Wozu brauchen denn die Winterreifen?

Klar, man weiß nicht, wer es war. Jedenfalls sind die Flüchtlinge da und die Reifen weg. Am Kinderwagen wartet der Kampfhund. Er ist zwei Jahre alt, ein verspieltes, neugieriges Tier, wie Hundefreunde sagen würden.

Spätabends leuchtet, am Ende der Straße, die aus dem Ort herausführt, der Himmel. Dort ist der Tagebau. Die Bagger stehen wie grasende Dinosaurier im Sand. Sie bewegen sich langsam vorwärts. Sie fressen das Land auf. Es gilt hier, in diesem größten Loch Europas, ein anderer Maßstab, der Maßstab des nationalen, des weltweiten Energiebedarfs. Es ist nicht der Maßstab des Einfamilienhauses, sondern der der globalen Umwälzung. Die Flüchtlinge kommen manchmal und schauen sich das Loch an. Es erinnert sie, sagt einer von ihnen, an die Wüste im Irak, Weite, Leere, Sand.

In der Schule treffen sich die Sprachlehrer Halil Shahini und Thomas Kiwel, die hier Deutschkurse geben, mit Frau Seiche. Wer sind die Flüchtlinge, die in die Kurse kommen?

Fünfzig Prozent seien Familien, die anderen Alleinreisende, sagt Frau Seiche. Besonders vor den sogenannten Alleinreisenden haben die Leute Angst. Das böse Wort Domplatte fällt. Die Übergriffe seien ja, wie man nun wisse, auch »aus der Gruppe der noch nicht so lange Aufhältigen« verübt worden. Es wird über das Problem der Maghreb-Banden gesprochen, die eine Polizei nicht ernst nehmen, die Delinquenten nach ein paar Stunden wieder laufen lässt. Es kommt die Frage auf, wie man sich mit rechtsstaatlichen Mitteln Respekt verschafft. Es herrscht Einigkeit, dass mehr Polizei gebraucht wird; wo Regeln, die Freiheit erlauben, missachtet werden, gibt es keine Freiheit, siehe Domplatte, da ist man sich hier, in der Schule, die hinter der Kreuzung von Germania- und Esperantostraße liegt, einig.

Germania und Esperanto: Zwei Welten laufen da ineinander, genau wie in diesem Ort, an dem der Wille zur Offenheit und die Selbstsicht als weltoffenes, wohlhabend souveränes Wir-schaffen-das-Land auf Irritationen und Angst trifft.

Manheim ist auch das Museum einer untergehenden Lebensform. Seit den fünfziger Jahren wurde aus dem Bauerndorf eine Pendlerstadt. Am Ortsrand wurden Bungalows und Einfamilienhäuser gebaut, die neuen Bewohner arbeiteten im nahen Tagebau oder bei Ford in Köln und pendelten morgens zur Arbeit. Wolfgang Esser, der sich um die Flüchtlinge kümmert, sagt:

— Für junge Familien war das hier attraktiv. Günstige Mieten, Kindergarten, Grundschule, Hallenbad, zwei Rasenplätze, Autobahnanschluss, das ist eine Bombeninfrastruktur für so einen kleinen Ort.

Die alten, jetzt verlassenen oder mit Flüchtlingen neu besiedelten Häuser von Manheim sind, auf ihre Weise, gebaute Bilder aus den glücklichen Tagen der prosperierenden Bundesrepublik, in der Ford-Arbeiter einen Taunus mit braunen Velourssitzen fuhren und Geld für eine Hollywoodschaukel und Urlaub auf Mallorca da war und der westdeutsche Wohlfahrtsstaat rührend für die Massen sorgte. Das Gemeindehaus, in dem 1995 Michael Schumacher heiratete, die Schule, das öffentliche Schwimmbad – alle Gebäude weisen Spurenelemente früher bundesrepublikanischer Eleganz auf. Es sind Bauten für die vollbeschäftigte nivellierte Mittelstandsgesellschaft, in der es jeder zu etwas bringen kann.

Man kann die Bungalows beklemmend und spießig finden, aber ihre architektonischen Details sind, im Gegensatz zum dominierenden Billig-Baumarktschrott der aktuellen Neubauviertel, liebevoll gemacht. Ein Schmied hat ein Tor entworfen, dessen Stäbe die Strahlen einer asymmetrischen Sonne darstellen.

In Zukunft wird man sich diese Form bundesrepublikanischer Wohlstandszersiedlung ökologisch und auch ökonomisch nicht mehr leisten können. Schon heute können sich nicht alle von dem Geld, das sie von der RWE für ihre alten Häuser bekommen, ein Haus in Manheim-Neu bauen. Einige versuchen es trotzdem, entsprechend simpel und kahl sehen einige Häuser dort aus.

Alt-Manheim verwuchert dafür umso mehr. In den Vorgärten stehen verschieden hohe Tannen, die einmal Weihnachtsbäume waren, die Weihnachtsbäume der Jahre 1973 bis 1987. Hinter den Tannen schaut ein freundlicher Syrer hervor; er lebt jetzt mit sechsundzwanzig Familienmitgliedern in einem deutschen Reihenhaus. Die Iraker hinter dem Marktplatz sind zu dreißigst. Der Pate sagt:

— Die holen sich immer ein ganzes Schaf im Türkenladen.

In gewisser Weise ist die Verwandlung des leeren Ortes Manheim in ein belebtes Flüchtlingsdorf auch ein Modellfall und ein Testfall für den Umgang mit Dörfern, die nicht abgerissen werden sollen, sondern sich aus anderen Gründen entvölkern.

Es wird ja viel diskutiert über die Unterbringung von Flüchtlingen auf dem Land, die einen sagen, nur so könne man Ghettobildung in den ohnehin überfüllten Städten vermeiden; andere sagen, dass diese Ghettos, in denen man Flüchtlinge aus dem eigenen Land trifft, der beste Eingang in die neue Welt seien und die besten Arbeits- und Integrationsmöglichkeiten böten, wogegen die Menschen auf dem Land, wo es keine Arbeit gibt, wirklich ghettoisiert werden. Aber wenn man ihnen verlassene Höfe, leere Werkstätten, Arbeit gäbe? In Bayern wird das schon gemacht, Gemeinden werden unterstützt, Leerstände in ihrem Besitz als Wohnraum herzurichten. Thomas Mühlender von der Obersten Baubehörde in München sagt:

— Im Idealfall profitieren alle Seiten, die Gemeinde, die mit der Miete, selbst wenn sie niedrig ist, immer noch mehr einnimmt als beim Leerstand, die Flüchtlingsfamilie, die nach dem Bleiberecht nun auch ein neues Zuhause erhält, und der

Handwerker oder Gastwirt im Ort, der nun jemanden einstellen oder zur Fachkraft ausbilden kann.

Dreißig Iraker in einem Mehrfamilienhaus mit handgestrichenem Backstein, sechsundzwanzig Syrer hinter der braunen Tür eines Gelbklinkerbaus aus den siebziger Jahren, der Somalier Samatar mit seiner Frau und seinen Söhnen in einem urdeutschen Backsteinhaus im Zentrum des Dorfs: Für Optimisten ist dies das Bild einer bunten Wiederbelebung, eines lebendigeren, neuen Deutschlands: Was, wenn die Iraker die alte Bäckerei von Achim Füchtener wieder aufmachen könnten, der syrische Arzt die Praxis – jetzt, wo zu den alten Manheimern rund vierhundert Flüchtlinge dazukommen, für die sich ein Bäckerladen lohnen würde?

Hätten dann nicht alle – hier bis zum Abriss, anderswo dauerhaft – ein Dorf, wie es einmal war und sein sollte, und hätten dann nicht alle etwas von den Flüchtlingen? Würde dieser kleine Arbeitsmarkt nicht das Kennenlernen fördern, die Jugendlichen von der Straße holen, die kaputten, verlassenen Dörfer wiederbeleben und so den Druck von den Städten nehmen? Und wäre das nicht die eigentliche futuristische Chance der Neubesiedlung des Landes: dort massiv den Bestand verdichten, Arbeit schaffen, Schnellbahnen in die immer teurer und musealer werdenden Städte bauen?

Ist natürlich nicht so einfach. Frau Seiche spricht von einem engen normativen Korsett. Und das ist die zentrale Erkenntnis, wenn man ein paar Tage in einem Dorf wie Manheim verbringt: Die Hilfe der Bevölkerung ist umwerfend. Die Unterbringung ist nicht das Problem.

Mangelnder Integrationswille ist, nach allem, was man sieht, nicht das Problem – Hussein Balo zum Beispiel ist, ganz im Gegenteil, ein Mensch, der die klassischen Werte des bürgerlichen Deutschen besser verkörpert als viele Deutsche und seinen Kindern und Enkeln nahebringt: pünktlich sein. Guten Tag sagen. Fleißig, höflich sein. Mit solchen Neubürgern bekommt man keine Probleme – es sei denn, man lässt sie monatelang ohne Aussicht auf Arbeit zu dreißigst in einem Haus wohnen. Ohne Beschäftigungsprogramm. Ohne zweiten Arbeitsmarkt. Ohne eine Sondererlaubnis, kleine Läden für den Bedarf der Gruppe aufzumachen.

Auftritt Polizei. Die Polizei rollt im brandneuen Dreier-BMW heran. Frage, aus heruntergelassenem Fenster:

— Was fotografieren Sie da, wer sind Sie?

Offenbar wird die Antwort als befriedigend eingestuft, es kommt jetzt zu entspanntem Geplauder.

— Wir patrouillieren öfter hier, im Netz gibt es Unmutsbekundungen, da passen wir ein bisschen auf. Dass die Bekundungen das Netz nicht mal Richtung physische Realität verlassen.

Dass die sogenannte Integration so weit ganz gut funktioniert, liegt vor allem auch an den Bürgern, die sich kümmern. An dem Mosaik-Künstler Michael Müller, der eigentlich aus Leipzig kommt und mit den Flüchtlingen zum Großmarkt einkaufen fährt und Behördengänge macht und Möbel besorgt. An Margarethe Held-Gbane, die das Jugendzentrum betreibt: eine Frau, allein mit schulklassenstarken Gruppen von Kindern und jungen Männern. An Wolfgang Esser, Mitglied des Umsiedlungsbeirats, der eine neunzig Meter lange Vereinshalle für den neuen Ort plant, damit es dort überhaupt so etwas wie ein soziales Zentrum gibt und einen Platz, wo man den Maibaum aufstellen kann. Als nach dem Beginn der Umsiedlung die Manheimer gingen und die Flüchtlinge kamen, fuhr er die übriggebliebenen Möbel mit seinem Fiat Kombi von einem Haus zum anderen und organisierte alles, was gebraucht wurde. Esser war Berufssoldat, Kommandant auf dem »Marder« und schließlich Kompaniefeldwebel, er hat eine Idee davon, wie man das Dorf und das Land und die Leute im Krisenfall zusammenhält.

Wenn man Balos Haus betritt, holen die Kinder ihre Mobiltelefone und zeigen Bilder: ein Haus mit roten Ornamenten und Flachdach in einer Steinwüste – das Haus, in dem sie wohnten, bevor der IS kam. Der Pick-up der Eltern. Bilder von der Grenze. Fotos von griechischen Grenzbeamten. Ein kleines Mädchen hält ein Handy hoch, man sieht das Bild eines lachenden jungen Mannes. Das sei ihr Bruder, sagt einer.

— Wir wissen nicht, was mit ihm passiert ist.

Dann wird es Abend. In der Berrendorfer Straße fährt ein Mann sein Auto in die Garage. In einem Haus in der Forsthausstraße sitzt ein Flüchtling am Fenster, der nicht weiß, wo seine drei Kinder sind. Er spricht mit niemandem. Im Klinkerhaus am Ortsrand, das Memmersheim entwarf, als Kohl noch Kanzler war, schlafen zwischen alten Teddys, die ihnen die Leute aus Buir geschenkt haben, irakische Kinder, die jetzt tote Kinder wären, wenn ihre Eltern nicht mit ihnen geflohen wären.

In den Nachrichten wird gemeldet, CDU und SPD planten, den Familiennachzug für Syrer zu begrenzen. Julia Klöckner verteidigt ihren A2 genannten Plan. Horst Seehofer sagt, A2 sei eigentlich Plan B. Alexander Dobrindt sagt auch irgendetwas, sein Sakko sieht aus wie eine Bildstörung. Die Laternen gehen an. In der Ferne graben Bagger das Land ab.

DEUTSCHLAND, BERLIN

EIN BUNGALOW
IM WESTEN

Als ich Arthur nach einer langen Zeit wiedertraf, erzählte er mir die Geschichte seines Bungalows. Eine Zeit lang hatte er mit seiner Frau in einem Bungalow aus den fünfziger Jahren im Westen von Berlin gewohnt. Der Bungalow stand in einer Seitenstraße neben vier anderen Bungalows, die vom gleichen Architekten entworfen worden waren, er hatte einen kleinen Innenhof, in dem eine japanische Zierkirsche neben einem Wasserbassin wuchs und in den niemand von außen hineinschauen konnte, weil das Haus nach außen so gut wie kein Fenster hatte, alle Fenster gingen auf den Innenhof.

Arthur und seine Frau hatten sich mit fünfzehn in einem Sommercamp kennengelernt. Seitdem waren sie ein Paar, mal abgesehen von den zwei Jahren, in denen Elina in Philadelphia studiert hatte. In diesen zwei Jahren war Elina nacheinander mit dem Assistenten am Lehrstuhl für Humangenetik, dem Pitcher der lokalen Baseballmannschaft und einem Schriftsteller, der noch nie etwas veröffentlicht hatte, zusammen gewesen; Arthur hatte ein Schallplattenlabel, einen Verlag und zwei Internetfirmen gegründet, die alle nacheinander wieder eingegangen sind, und schließlich viel Geld mit dem An- und Verkauf von Telefonnummern verdient. Während dieser Zeit hatte sich Elina so gut wie nie bei Arthur gemeldet, aber dann schickte sie ihm eine Postkarte, in der sie mitteilte, sie sei jetzt erstens Doktor der

Philosophie und zweitens wieder zurück in Deutschland. Er rief sie an, und sie verabredeten sich.

Arthur fand, wie er später erzählte, Elina, wie sie mit zerzausten Haaren, leuchtend schwarzen Augen und geröteten Wangen im Schneidersitz auf seinem Sofa saß, noch schöner, als er sie in Erinnerung hatte. Sie fand ihn »auf eine gewisse Weise reifer und auf eine andere zum Glück nicht«, wie sie einer Freundin erklärte. Am Ende des Abends fragte Arthur sie, ob sie ihn heiraten wolle.

Bis sie sich wieder meldete, trank Arthur jeden Tag drei Glas Whiskey, und als Elina nach fünf Tagen zu ihm kam, um ja zu sagen, war er so betrunken, dass sie es sich fast noch mal anders überlegt hätte. Aber eben nur fast. Sie hatten geheiratet und hatten sich von ihrem Ersparten einen alten Mercedes und den Bungalow im Westen der Stadt gekauft. Das Haus lag in einer ruhigen Straße, in der zumeist ältere Leute wohnten. Sie waren glücklich; sie lagen nackt auf dem Sofa, schauten an die Decke, an der sich die Reflexe des Wasserbassins spiegelten, tranken Wein und überlegten, wie sie einen Sohn nennen würden und welchen Namen sie ihrer Tochter geben würden. Als es an der Tür klingelte, zog Arthur sich einen Bademantel über. Draußen standen ein Mann und eine Frau, die einen knurrenden Schäferhund an der Leine hielt. Es waren die Nachbarn.

— Guten Abend.

Der Hund der Nachbarn schwieg zur Begrüßung und ließ einen Speichelfaden in den Flur tropfen.

— Ja, also.

Der Nachbar hob wortlos einen mit Verpackungsmüll gefüllten Plastiksack in die Höhe, den Arthur beim Einzug vor der Tür vergessen hatte.

— Ich fragte mich, ob Sie das hier noch brauchen?

— Aha.

Arthur schaute an dem Mann vor ihm hinauf. Er war vielleicht siebzig, er trug eine getönte Brille und einen Kinnbart. Sein Hemd spannte über dem Bauch und gab den Blick auf seinen Bauchnabel frei. An seinen Unterarmen zeichneten sich blaue Adern ab. Arthur merkte, dass er betrunken und Aha möglicherweise nicht die richtige Antwort auf die Frage des dicken Mannes vor ihm war.

— Nein.

Arthur hielt sich am Türrahmen fest.

— Dann schmeiße ich es weg, ja? Wir achten hier immer ein wenig darauf, dass alles schön in Ordnung bleibt.

Während er das sagte, schaute er missbilligend an dem Bademantel herunter, den Arthur sich übergezogen hatte, als müsse man ihn sowie seinen Inhalt wegschmeißen. Arthur sagte:

— Danke.

Der Mann erwiderte:

— Keine Ursache.

Ein paar Tage später klingelte es morgens. Wieder war es der Nachbar; diesmal war sein Hund nicht angeleint. Der Nachbar pochte mit dem Zeigefinger auf seine Uhr:

— Die Außenlampe an Ihrer Tür brennt noch. Wir haben die gleiche Lampe, sie verbraucht viel Strom. Sie haben sicherlich den Kasten mit der manuellen Schaltung noch nicht gefunden, er ist in allen Wohnungen hier gleich, Moment, ich zeige Ihnen, wo er sich versteckt.

Ohne eine Antwort abzuwarten, betrat er die Wohnung und machte sich am Sicherungskasten zu schaffen. Der Schäferhund rannte in den Innenhof, bellte einer Amsel hinterher und lief zurück ins Haus, wo er knurrend vor einem noch nicht ausgepackten Umzugskarton stehenblieb. In dem Karton bewahrte Elina Duftkerzen und den alten Chanukka-Leuchter ihrer Großmutter auf. Der Nachbar drehte sich erstaunt um und starrte auf die angebellte Kiste. Der Chanukka-Leuchter schaute nur mit einer Ecke heraus. Der Nachbar fixierte den Kerzenhalter, als ob er ihm bekannt vorkomme, runzelte die Stirn und sagte:

— So.

Dann ging er. Elina sagte zu Arthur:

— Das sind Nazis. Wir wohnen neben ganz üblen Nazis.

Arthur sagte nichts und schaute, ob der Mann vielleicht heimlich die Alarmanlage abgeklemmt hatte.

Dann verging eine Woche, ohne dass die Nachbarn sich sehen ließen. Elina kaufte Gardinen fürs Wohnzimmer, obwohl niemand hineinschauen konnte. Arthur besorgte ein Spezialschloss für die Tür. Einmal kam der Hund allein zu Besuch. Er war durch die angelehnte Wohnungstür ins Wohnzimmer spaziert, hatte das Sofa umkreist, eine Stehlampe gerammt und mit dem wedelnden Schwanz eine halbvolle Whiskeyflasche vom Tisch gefegt, die mit einem lauten Knall in Stücke brach. Elina versuchte, ihn aus dem Wohnzimmer zu jagen, aber der Hund knurrte, setzte sich neben die zerbrochene Flasche und hechelte. Dort blieb er etwa zehn Minuten und rührte sich nicht. Elina ging in die Küche, um einen Lappen zu holen, nahm zwei Telefongespräche an, und als sie danach ins Wohnzimmer zurückkam, war die Whiskeypfütze verschwunden. Dafür saß der Hund nicht mehr. Er taumelte ein paar unsichere Schritte weiter, wie es Tiere tun, die unverhofft auf Glatteis geraten sind, bellte halbherzig, mit einem eher röhrenden, stimmbruchhaften Laut, auf sein Spiegelbild ein und schlug der Länge nach hin.

In diesem Moment klingelte es an der Tür. Der Nachbar fragte, ob man seinen Hund gesehen hatte, er wäre, was nicht seine Art sei, schon seit zwei Stunden weg. Elina starrte ihn an und schüttelte den Kopf. Es war unmöglich, dem Nachbarn zu erklären, dass sein Hund betrunken und regungslos, einem erlegten, ausgestopften Raubtier gleich, in einem veterinärmedizinisch vielleicht bedenklichen Zustand vor ihrem Kamin lag. Der Nachbar verschwand wieder, sein Hund erhob sich nach ein paar Minuten und lief mit tänzelnden Schritten auf die Tür des Nachbarn zu, wo er sich übergab.

Zwei Tage später kam Arthurs Vater zu Besuch.

Er lebte nicht in Deutschland. Er war in einem Kibbuz nördlich von Tel Aviv aufgewachsen und 1968 nach Deutschland gegangen, wo er in einer WG Sabine, eine Germanistikstudentin, kennengelernt hatte. Die WG erinnerte ihn aber zu sehr an den Kibbuz, und Deutschland war ihm zu kalt, deswegen ging er zurück nach Tel Aviv. Rund ein Jahr später meldete sich Sabine; sie habe einen Jungen geboren, es könne sein, dass er der Vater sei. Obwohl das keine sehr präzise Aussage war, hatte er sich gefreut, eventuell einen Sohn zu haben, und Sabine mit seinem Vielleichtsohn nach Tel Aviv eingeladen, und so kam es, dass Arthur als Kind oft nach Israel reiste und mit fünfzehn in das Sommercamp geschickt wurde, in dem er Elina kennenlernte.

Arthurs Vater blieb vier Tage und verabschiedete sich mit großem Radau von seinem Sohn. Elina fuhr ihn mit dem alten Mercedes zum Flughafen. Als sie wiederkam, tauchte die Nachbarin aus einem Busch auf und stellte sich mit erhobener Hand, wie ein Polizist, der eine Verkehrskontrolle durchführt, in die Hofeinfahrt. Elina wurde schlecht: Sie überlegte, ob sie die Frau über den Haufen fahren, den Rückwärtsgang einlegen oder die Türen verriegeln sollte, aber da hatte sich die Nachbarin schon durchs offene Seitenfenster in den Wagen gebeugt. Elina sah den Kopf wie in einem Vergrößerungsglas, die dauergewellten, gelbblond getönten Haare, roch ihr Parfüm, sah ihren Lippenstift und die geplatzten Äderchen im Gesicht, die es insgesamt rot erscheinen ließen, dieAltersflecken auf der Hand, die sich erbarmungslos an der Chromzierleiste der Seitentür festklammerte. Auch der Schäferhund war an den Wagen gekommen und schob seine Schnauze ins Fenster. Er roch, jedenfalls kam es Elina so vor, immer noch nach Whiskey. Die Nachbarin:

— Guten Morgen, entschuldigen Sie die Frage, aber wer war denn der Herr, den Sie da zu Besuch hatten?

— Mein Schwiegervater. Warum?

Elina dachte: Das war es jetzt. Das war es. Jetzt wissen sie es, die alten Nazis, jetzt dürfen wir hier gleich wieder wegziehen. Ihr war schlecht. Der heiße, muffige Atem des Hundes schlug ihr entgegen.

— Der ist aber nicht von hier, der Vater Ihres Mannes, oder?

Der rote Kopf neben dem Hund rückte ein Stück tiefer ins Wagenfenster.

— Wieso?

— Wo kommt er, wenn ich fragen darf, denn her?

Die Stimme der Nachbarin hatte jetzt einen gleichzeitig herrischen wie großzügigen Unterton angenommen; sie klang wie eine Lehrerin, die einen beim Schummeln erwischt hatte, aber, wenn man alles zugäbe, von einem Verweis abzusehen bereit war.

Elina war wie gelähmt. Sie murmelte: »Tlaviv«, in der Hoffnung, die Nachbarin könne diese Information überhören. Die Nachbarin hatte es aber verstanden und schien ganz aus dem Häuschen, der Hund begann zu knurren. Sie rief:

— Israel!

Die Nachbarin schob den Hund vom Seitenfenster, warf ihre Arme um Elinas dünnen Hals und küsste sie.

— Das habe ich mir gedacht! Ich komme auch aus Israel! Ich bin Miriam! Kinder! Herzlich willkommen!

Die Nachbarn waren, wie sich herausstellte, keine Nazis, im Gegenteil. Miriam kam aus Israel, ihr Mann, ein geborener Berliner, hatte als junger Mann freiwillig in einem Kibbuz gearbeitet und sie dort kennengelernt und schließlich überreden können, mit ihm nach Berlin zu kommen, in die Stadt, aus der Teile ihrer Familie geflohen und andere deportiert worden waren. Die Angst vor den Deutschen hatte sie nie verloren, und sie bemühten sich beide, ein unauffälliges Leben zu führen. Er hatte ihr einen deutschen Schäferhund geschenkt, den sie sehr liebte, er hatte heimlich Hebräisch gelernt, um ihr eine Freude zu machen, aber weil sie es nie sprachen, sprach er ziemlich schlecht. Sie waren, weil sie nicht auffallen wollten, noch penibler und ordentlicher als ihre Nachbarn; nie machten sie Lärm, und weil sie keine Kinder hatten, war es auch in ihrem Garten immer still. Die anderen Nachbarn, ein grimmiges, ebenfalls kinderloses Ehepaar, das aus dem Münsterland stammte, schätzte diese Ruhe sehr und hatte sie einmal zum Essen eingeladen, aber als sie bei einer Flasche Bommerlunder mit ihren politischen Ansichten angefangen hatten, waren sie schnell gegangen. Während der Fußball-Weltmeisterschaft war der Münsteraner dann an einem Herzinfarkt gestorben, und die Witwe hatte die Wohnung an Arthur und Elina verkauft. Arthur sagte:

— Das Vorhängeschloss habe ich nicht angebaut, aber du kannst dir nicht vorstellen, was jetzt los ist: Seit die herausgefunden haben, dass wir Juden sind, stellt sich der Mann jeden Morgen, wenn wir mit dem Wagen zur Arbeit fahren, an den Zaun und winkt und brüllt »Schalom! Schalom!«.

Nach ein paar Jahren verkauften sie das Haus, aus dem man nicht nach außen, nur immer nach innen schauen konnte, wieder, aber das hatte natürlich andere Gründe.

FRANKREICH, ST GIRONS PLAGE

DAS FERIENHAUS
VON MADAME
VITRAC

# ANKUNFT

**E**in Ferienhaus ist immer ein Experiment.

Es beginnt mit der Tür. Der Schlüssel knirscht widerspenstig in einer Mischung aus feuchtem Sand und Rost im Schloss, die Tür ist offenbar länger nicht geöffnet worden, man fühlt sich, als breche man in das Haus ein, dabei hat man es gemietet. Oben im ersten Stock, wo eine Pinie den Blick zum Meer verstellt, schlagen Fensterläden im Wind, als wehre sich das Haus gegen die Eindringlinge. Schließlich springt das Schloss auf, man tritt in den dunklen Flur: Geruch nach leicht modrig-kaltem Holz und Reinigungsmitteln, die Möbel sind noch halb abgedeckt mit Laken, so, als habe man sie anlässlich der Ankunft der Gäste erbarmungslos aus dem Schlaf gerissen, die Vorhänge sind zugezogen. Der Gast ist nervös: Er weiß nicht viel über das Ferienhaus, ist der Fußboden schön, gibt es Plastikstühle, wie sind die Nachbarn, weht ein leicht salziger, nach erhitzten Pinien riechender Wind vom Meer, oder kommt der Wind vom Land, wo die Terpentinfabrik im Wald gerade ihre Tanks lüftet? Ehen zerbrachen schon an unterschiedlichen Ansichten zum Ferienhaus. Er findet die stapelbaren Kunststoffstühle praktisch, sie hält sie für lieblos und unromantisch, er mag das knarzende Ledersofa, sie findet es speckig und herrenzimmerhaft, und überhaupt: Soll das ideale Leben in einem alten, verwitterten Haus mit weißen Sprossenfenstern und grauen Holzschindeln stattfinden, unter Palmen am Mittelmeer, oder eher in einem alten toskanischen Weingut? Er findet Zypressen im Dunst eines heißen Augusttags hinter Siena deprimierend und will an die Adria, sie hat keine Lust auf das schillernde Gemisch aus Salzwasser und Sonnencremerückständen dort. Auch drohen Gefahren von außen: Auf den Fotos im Internet, deretwegen das Ferienhaus angemietet wurde, nicht zu sehen sind etwa Nachbarn, denen die Idee von Stille grundsätzlich unsympathisch ist und die aus diesem Grund kurz nach Sonnenaufgang mit lärmend vorgetragenen Rangieranweisungen einen auf dem Anhänger befestigtes Jetski zu Wasser lassen, mit dem sie dann die Ruhe des einsamen Strandes noch vor dem Frühstück mit triumphierendem Kreischen zersägen.

Alles im Ferienhaus ist anders: Die Türgriffe fühlen sich kalt und salzig an, der Holzboden knarrt. Nachts fremde Geräusche: Das Dachgebälk knackt, Wellen krachen auf den Strand, der Kühlschrank röhrt, als treibe ihn ein asthmatischer Dieselmotor an, in der Ferne das Heulen eines Regionalzugs, morgens im dichten Dunst über der Bucht das Nebelhorn. Zieht man die Schublade des alten Sekretärs im Flur auf, kommen einem Spuren eines fremden Lebens entgegen: Eine metallene Haarklammer liegt dort, wie es sie kaum noch gibt, eine nie geschriebene Postkarte, bereits mit einer Briefmarke beklebt, die darauf vermerkte Währung, Francs, gibt es längst nicht mehr, dazu ein dunkelbraun gewordener Zettel mit feinen blauen Linien, auf denen eine Einkaufsliste (Lauch, Butter, Bier, Würstchen, Etorki, Wein, Foie Gras, Nudeln) notiert wurde und eine zittrig aufs Papier gekritzelte Telefonnummer. Was, wenn man jetzt dort anriefe? Über dem Kamin, in dem sich blasses Treibholz zu einem

Gewöll stapelt, das ausgeblichene, von Stockflecken übersäte
Foto eines jungen Paares, das zuversichtlich dem Treiben eines
Kindes am Meer zuschaut: Vielleicht die Eltern des Vermieters?
Alles im Ferienhaus wirkt, als sei man aus Versehen in ein anderes Leben eingestiegen. Alles im Ferienhaus sagt: So könnte
dein Leben auch aussehen; morgens der Blick aufs Meer, auf den
im Dunst auftauchenden Berg, unten, an die bröckelnde Stein-
wand gelehnt, ein altes Fahrrad, mit dem man hangabwärts im
Halblicht der Bäume zum Bäcker rollt; dort nicht, wie daheim,
das pragmatische Gebell übermüdeter Wintermenschen (»der
Nächste bitte«), die nach Bestellung wortlos, als hätten sie mit
der Bitte um vier Brötchen eine üble Beleidigung erleiden müssen, diese in magentafarbene Papiertüten hauen – sondern der
Geruch von buttrigen Croissants und freundliche Befragung:
Wo man herkomme, wie dort das Wetter sei, war die Anreise
gut? Und heute Abend gebe es ein Grillfest der Fischer am Meer.
Danach Einkauf auf dem Markt und im Café die lokale Mor-
genzeitung: Berichte über Fische mit Rekordlängen, die von
den Fischern des Nachbarorts aus dem Meer gezogen wurden,
ausführliche Berichte über den Bau einer Umgehungsstraße an
der Bucht, den neunzigsten Geburtstag des ehemaligen Bürger-
meisters und über den Zusammenstoß eines Traktors mit einem
Sportwagenfahrer aus der nahen Großstadt, bei dem es einen
Sachschaden gegeben hat. Der Luxus, all das genau studieren zu
können, weil sonst nichts drängt. Man hört nur den Lärm der
Zikaden und, weiter hinten, das Donnern der Atlantikwellen.
Über den Brombeer- und Ginsterbüschen riecht es nach warmen Piniennadeln und Harz, und manchmal, an sehr trockenen und heißen Tagen, knallt ein trockener Pinienzapfen in
den sandigen Boden. Das Meer liegt grün hinter der Düne, die
Zeit zerfällt im Sand. Erst neun? Schon halb zwei? Muss man
aufstehen? Muss man arbeiten? Muss man nicht. Warum noch

einmal lebt man nicht immer so? Das Ferienhaus ist, wenn es ein gutes ist, Ausblick auf ein ideales Leben: So könnte, sollte es immer sein.

## DAS HAUS DER VITRACS

Das Haus, das wir für den Sommer gemietet hatten, gehört der Familie Vitrac, die in den fünfziger Jahren eine Marmeladenfabrik besaß, die sie später an »Bonne Maman« verkauft hat. Im Flur hängen noch die alten Werbeplakate. Sie waren Mitglieder eines Reitvereins, der am Wochenende von Bordeaux aus durch die Pinienwälder bis hierher ritt, eine Tagestour. Sie hatten sich ein paar illegale Hütten auf der Düne gebaut, mit Blick auf den Atlantik, und irgendwann wurden diese Hütten legalisiert.

Das Haus – ein traditioneller Holzbau mit einem weiten Ziegeldach – sieht, mit seinen verwitterten, wie Treibgut versalzenen Holzbalken und den alten Fliesen aus, als sei es im 19. Jahrhundert gebaut worden, aber das stimmt nicht. Es ist zusammengesetzt aus alten Türen, Brettern und bei Abrissen und Renovierungen übriggebliebenen Dingen wie zum Beispiel einem alten Chorgestühl, die der Erbauer auf seinen Reisen in Südfrankreich und Nordspanien und im Baskenland fand. Gebaut wurde es in den achtziger Jahren anstelle eines alten Hauses, das die Salzluft und die Winterstürme zerstört hatten. Dass es so aussieht, als stehe das Ferienhaus schon immer da, liegt auch daran, dass alle Möbel, Vasen, Fischernetze, beschlagenen Spiegel, Marmoranrichten, Sekretäre, knarzenden Stühle, durchgelegenen Sofas, die in den Häusern der weitverzweigten Besitzerfamilie in Bordeaux oder Paris nicht mehr gebraucht wurden, hierher gebracht wurden; das Ferienhaus war auch ein Museum der abgelegten, hinausgeschmissenen Dinge.

Eine der Besitzerinnen, eine resolute, rundliche Frau, kam in einem alten Renault 5 angereist, um die Schlüssel für das Garagenhaus zu übergeben. Die Rückbank ihres Wagens war umgeklappt, hinter dem durchgesessenen Fahrersitz stand eine Voliere, in der ein Papagei hockte. Auf dem Beifahrersitz saß der dünne, schweigsame Sohn. Die Besitzerin ruderte am Lenkrad und rammte den Rückwärtsgang rein, um den Renault in einem ihr angemessen erscheinenden Winkel zum Haus zu parken, und stieg schnaufend aus. Unser Freund, ein Arzt, der ein paar Tage bei uns verbringen wollte, obwohl er Urlaub aus Prinzip grauenhaft fand (es kann sein, erklärte er bei seiner Anreise, dass ich übermorgen wieder fahren muss), stellte sich vor. Als die Besitzerin erfuhr, was er von Beruf ist, warf sie überraschend schwungvoll ihr dickes Bein auf den auf der Terrasse stehenden Tisch.

— Schauen Sie sich das bitte mal an, ein Unding, wie das geschwollen ist, hier, fassen Sie mal an! Ganz dick und hart!

Im Auto krähte der Papagei etwas Heiseres und Unverständliches. Er rede viel, sagte die Besitzerin, man verstehe nur nichts.

## DIE TIERE

Die Kinder verschwanden im Gebüsch hinter dem Ferienhaus, dort, wo der Wald beginnt, und kamen aufgeregt gestikulierend wieder heraus: Was wie ein Stein aussah, entpuppte sich als eine Schildkröte, die Oskar getauft und in einem aus herangeschleppten Steinen errichteten Terrarium untergebracht wurde. Der Rest des Tages verging mit Googeln: Was frisst eine Schildkröte, Salat oder nicht? Trinkt sie Wasser und woraus? Erstaunlicherweise hatte die Schildkröte wenig später einen senkrecht stehenden Stein erklommen und versucht zu verschwinden.

Im Ferienhaus kommt man ohne Spielzeug aus, schon wegen der Tiere. Am Tümpel im Wald wird ein Frosch gefangen, abends dann Geschrei auf der Terrasse: Wie in einer surrealen Collage steht neben dem in der Nähe des dichten Gebüschs, mit Blick aufs Meer, aufgestellten Tisch ein regloses Wildschwein, das wie ein gravitätisch um sich blickender Streifenpolizist die Lage zu inspizieren scheint und dann im Dickicht verschwindet. Wenig später entdecken die Kinder zwischen den Pinien eine ganze Wildschweinfamilie; die Tiere wissen offenbar, dass sie in diesem Teil der Küste nicht gejagt werden dürfen, und verhalten sich entsprechend gelassen; nachts hört man sie, wie sie am Campingplatz Mülltonnen umstürzen und Müllsäcke aufreißen. Was man ebenfalls hört, ist das Schreckensgeräusch aller Ferienhausbewohner, das in den Schlaf hineinsirrende, schrecklich hochfrequente Fiepen, dem ein schmerzhaft juckender, schnell anschwellender Stich folgt: Die actionpaintinghaft gewaltsamen Spuren aus Blut, Insektenflügeln und Druckerschwärze an den Wänden des Ferienhauses zeugen vom Martyrium zerbeulter, schlafloser Ferienhausbewohner und ihren Versuchen, Mücken mit der Tageszeitung zu erschlagen. Weiße Wände geben dem Bewohner eine Chance, bei gemusterten Tapeten ist er machtlos.

Aber man muss bleiben. Wenn dem Besitzer eines Campinganhängers das, was er sieht, wenn er die scheppernde schmale Plastiktür seines Tabbert Comtesse öffnet, nicht zusagt, fährt er einfach weiter. Das ist im Ferienhaus anders; man hat es gemietet, man wohnt jetzt dort und ist dem ausgeliefert, was kommt.

# DIE GÄSTE

Als erstes kommen die Freunde, die man für ein paar Tage einlud, und man ist überrascht. Die Freunde kommen, Strandtaschen abwerfend, mit Neuigkeiten; es könnte, auf ihre Einladung hin, ein weiterer Bekannter mit dazukommen, was hoffentlich kein Problem darstelle, ein netter Mann, Architekt, nebenher Bassist in einer Band; man werde ihn mögen!

Zur Überraschung trägt auch bei, dass die Freunde einen Hund angeschafft haben. Der Hund liegt knurrend wie ein tibetischer Dämon unter dem Tisch; man hat ihn während eines Urlaubs in einer unwirtlichen Gegend der Welt erstanden, in der er alles, was kleiner war als er selbst, jagen und verspeisen durfte. Zu dieser Gruppe von Tieren zählt er auch den Hund der uralten französischen Dame, die das Ferienhaus nebenan bewohnt, einen Pudel, der aus seiner Existenz als Pariser Stadthund außer dem Friseur, der ihm einmal im Monat das Fell in einer der Färbung seiner Besitzerin ähnelnden blaustichigen Tönung färbt, keine natürlichen Feinde kennt und deswegen dem Hund der Freunde mit einem unangebrachten Selbstbewusstsein entgegentritt. Nach einem erstaunlich schnell ausgeführten Angriff, der den Pudel große Teile seiner Frisur kostet, muss der Hund der Freunde gegen deren Protest angeleint werden.

Schon am nächsten Tag trifft der Freund der Freunde ein, ein übergewichtiger Mann mit einer roten Nase, der unter dem Arm eine Umhängetasche und einen Gitarrenkoffer trägt. Nach ein paar Stunden fühlt er sich sichtlich wohl, packt die Gitarre aus und singt mit bellender Stimme ein Lied, das man noch nicht gehört hat und entgegen seinen Aufforderungen weder mitsingen kann noch möchte: Er hat es selbst geschrieben. Wenig später bekommt er Hunger und verschwindet für eine

Stunde, nach der er mit einem Sack Grillfleisch wieder auftaucht. Mitteilung, heute koche er! Das Fleisch landet auf dem Grill und ist nach wenigen Minuten von der schwarzen Kohle, die seiner Garung dient, nicht mehr zu unterscheiden, was ihn nicht stört: Genau so muss Grillfleisch aussehen!

Später, am Kamin, in dem er unter Zuhilfenahme der von den Hausbesitzern liebevoll auf dem Couchtisch arrangierten Trockenblumensträuße ein großes Feuer entfacht hat, teilt er mit, es störe doch hoffentlich nicht, wenn auch seine neue Freundin für ein Wochenende dazustoße? Am nächsten Tag Ankunft der Freundin, einer insgesamt übellaunigen, schmallippigen Person, deren politische Ansichten abends am Kamin ebenso für Verwirrung sorgen wie die anhaltenden Witze, die sie über das vorgerückte Alter ihres Freundes und seine musikalischen Ambitionen macht; die Surfer hingegen, ob man die gesehen habe? Diese Körper? Ich meine, hallo? Sie wendet dabei die Handseiten nach oben, als wolle sie Regen herbeizaubern. Der Freund trinkt viel und beschimpft die Freunde; ihre Einstellungen in der Migrantenfrage seien naiv und romantisch! Einen Tag später erhält er einen Anruf seiner Exfrau; sein fünfzehnjähriger Sohn sei auf dem Weg zu ihm.

An einem regnerischen Montag brachen die Freunde mit dem Architekten und seiner Freundin auf, um den Sohn am Flughafen abzuholen. Das Ferienhaus war jetzt leer und still, nur die hektisch verrückten, quer über die Terrasse verteilten Stühle und ein lieblos ausgekratztes Marmeladenglas zeugten von der Anwesenheit größerer Menschenmengen. Für einen kurzen Moment war das Ferienhaus wieder das Versprechen, die Bühne, die auf Bespielung wartet.

Am Flughafen erspähten die Freunde, so erzählten sie später, einen dünnen, langen Jungen, der eine seltsame Kappe auf dem Kopf und ein Skateboard unter dem Arm trug. Im Auto, auf der

Fahrt vom Flughafen zum Ferienhaus, habe der junge Mann auf der Rückbank zwischen seinem Vater und dessen Freundin gesessen und dabei das Skateboard so auf seinem Schoß plaziert, dass die Räder in die Handtasche der Freundin drückten. Befragt, wo er schlafen werde, habe man ihm mitgeteilt, dass er ein Zimmer gleich neben seinem Vater und dessen Freundin beziehe, wozu er stimmbrüchig erklärt habe, das sei ja eklig, dann werde er nachts das Geräusch der alten, aneinanderschuppernden Körper nebenan hören müssen; sein Vater habe ihn angebrüllt, während die Freundin mit wortlosem Hass in den Augen aus dem Seitenfenster starrte, und erst als auf der verregneten Autobahn ein halsbrecherisch schlingernder Kleintransporter überholte, dessen Fahrer die Kapuze tief ins Gesicht gezogen hatte und aussah wie der Tod, sei eine betretene Stille eingekehrt.

Der Architekt und seine Familie verließen das Haus zwei Tage später. Die Herzlichkeit, mit der ihrem Mietwagen nachgewinkt wurde, war nur durch die Erleichterung über ihr Verschwinden zu erklären.

Es regnete noch ein paar Tage; die sandigen Handtücher, die über den Stühlen hingen, wurden nicht mehr trocken, vom Meer zog kalte Feuchtigkeit durch das Ferienhaus und ließ das alte Holz ächzen. Dann kam die Hitze. Die Bewohner der Häuser hinter der Düne stellten die Stühle hinter das Haus in den Schatten der Feigenbäume; tief in die bunten Klappstühle gelehnt, die Arme auf die mürbe gewordenen weißen Plastiklehnen gestützt, schauten sie in den Himmel, ob endlich eine kühle Wolke zu sehen wäre, andere saßen mit ihren Smartphones in der dunklen Kühle der Küche und schauten dem Anstieg der Temperaturangaben auf ihrer Wetter-App zu, während ihre Nachbarn endlose Stunden damit verbrachten, den Sand zusammenzufegen und aus den Schlössern und den Haaren und vor allem aus dem Ladeschacht des Smartphones zu bekommen. Ein deutscher Nachbar verlor im Sand seinen Autoschlüssel und versuchte ihn wiederzufinden, indem er den Strandabschnitt vor seinem Haus mit einer Harke durchkämmte; die Franzosen schauten ihm mit einer Mischung aus Interesse und Befremden zu: Die Deutschen wieder. Harken erst mal den Strand, bevor sie drübergehen.

## DAS GROSSE SOMMERTHEATER

An einem Morgen im Juli kam ein uralter Saviem-Lastwagen, dessen angestrengten Dieselmotor man schon lange hörte, bevor er tatsächlich auf der Teerpiste im Pinienwald erschien, und lieferte eine zerlegte Achterbahn an, die bis zum Abend aufgebaut wurde. Sie musste aus den fünfziger Jahren stammen, die Stahlstreben waren gespenstisch dünn und rostig, die Schalter in der kleinen Bude, von der aus die Wagen gesteuert wurden, aus dem gleichen Bakelit, aus dem auch die immer nach kaltem Rauch riechenden Telefonhörer in den silbernen Telefonzellen waren, die sie fast überall vor ein paar Jahren abgebaut haben.

Die Achterbahn stand mit jeder Woche etwas schiefer da, die Wagen ächzten und quietschten immer lauter. Irgendwann, noch mitten im Sommer, wurde sie abgebaut.

Einmal kam ein Zirkus in den Ort. Ich ging mit L., die damals drei Jahre alt war, zu einer Vorstellung. Wir sahen traurige Pferde im Kreis laufen und eine Giraffe, die nicht viel mehr konnte, als sich zu verbeugen. Wir sahen einen Clown, den niemand lustig fand, er tat mir etwas leid, aber die meisten Kinder waren Kinder von Campern und konnten kein Französisch, weswegen sie die Witze mit offenen Mündern hinnahmen wie eine unvermeidliche Merkwürdigkeit. Es war ein trauriger Zirkus, aber sie hatten einen jungen Löwen, der erst ein paar Tage alt war. L. durfte ihn auf dem Schoß nehmen, wo er sich lautlos gähnend in ihr Kleid krallte. Er war nicht einmal so groß wie eine Katze. Der Clown machte ein Polaroidfoto und schenkte es ihr. Wir haben es später verloren in einem Stapel Zeitschriften, der am Ende der Ferien weggeworfen wurde.

## DER CAMPINGPLATZ

Die Camper lebten hinter dem Pinienwald. Man sah sie nicht. Aber man hörte sie, vor allem nachts. Das Geräusch kam jede Nacht wieder. Es kam gegen zwei Uhr morgens und noch einmal gegen fünf Uhr, und wenn die Bewohner des unteren Dünensaums zu viel Rotwein oder Malventee getrunken hatten und mitten in der Nacht ins Toilettenhäuschen mussten, das in der Mitte des Zeltplatzes stand, hörte man es auch öfter.

Das Geräusch kam aus den alten VW-Bussen, aus den Schienen ihrer Schiebetüren, in denen sich Sand und Öl zu einem knirschenden Gemenge verbunden hatten. Jede Nacht machte es rrrrrrtttt-gattack, dann stolperte jemand aus einem Bus heraus, manchmal waren dumpfe Folgegeräusche zu hören, die vom Abenteuer einer nächtlichen Zeltplatzüberquerung zeugten, jemand stolperte über eine Spannleine und schlug dumpf neben dem Zelt auf, der Zeltgiebel sackte um einen halben Meter ein, wenig später schälten sich die überraschten Zeltinsassen aus einem Haufen aus Stoff, Gestänge, Gaskochern und Bratpfannen heraus in die südfranzösische Nacht und starrten grimmig auf den Mond, der weiß hinter den schwarzen Pinien schien;

man hörte erstickte, verärgerte Stimmen, Verwünschungen, erboste Rufe in der Nacht.

Das Geräusch der VW-Bus-Schiebetür war das charakteristische Geräusch dieser mobilen Stadt zwischen den Pinien, die jedes Jahr im Mai aufgebaut wurde und im September wieder verschwand und aus Zelten und VW-Bussen und Doppelachsanhängern, aus Sonnencreme, versandeten Rotweinflaschen und überhitzten Erwartungen bestand.

Es gibt, wie in einer richtigen Stadt, auf dem Campingplatz drei verschiedene Viertel: Es gibt das bürgerliche Westend, wo die teuren goldgelben Tabbert-Campinganhänger mit ihren dicken Gardinen und Polstern und Bauernmöbelimitaten so trutzburgenhaft stehen, als hätten sie beschlossen, sich in Vorortsiedlungen zu verwandeln. Es gibt die »Aire de Camping«, in der keine Anhänger, sondern nur Reisemobile stehen und in der Vorzelte und andere Absichtsbekundungen von Sesshaftwerdung verboten sind. Die »Aire« ist das Quartier Latin des Campingplatzes, wo Frauen unter aufklappbaren Campingbusdächern Merve-Bändchen lesen, während ihre Freunde ökologisches Tomatenmark unter das Ratatouille rühren. Schließlich gibt es die Bronx des Campingplatzes, wo die Schüler und die Surfer zelten und tiefergelegte Fords zwischen Kriechzelten, verkrusteten Sauce-Bolognaise-Töpfen und umgekippten Kronenbourg-Dosen parken.

Genau genommen ist der Campingplatz auch nur ein sandiges Spiegelbild der Stadtgesellschaft, vor der seine Bewohner fliehen wollten.

Wer auf dem Campingplatz wohnt, braucht keinen Fernseher und kein Theater: Man ist mitten in einer vierundzwanzigstündigen Vorführung. Deutsche Campinganhängerbesitzer bauen weiße Plastikstühle und auseinanderklappbare Barbecue-Sets auf und dekorieren den Weg vom Grill zur Campinganhängertür mit leeren Bierflaschen, während die Franzosen ihre Standplätze mit einer Maginot-Linie aus Pinienzapfen sichern. Ein rothaariger Österreicher sitzt vor seinem giftgrünen Kriechzelt und spielt Komplementärkontrast. Eine britische Familie betritt den nahen Strand in einer Aufmachung, die an Insektensammler denken lässt, legt sich ganz vorn ans Wasser, wo kein Franzose sitzt, lässt sich binnen eines Nachmittags krebsrot brennen, wird schließlich von einer ausgreifenden Welle erfasst und verlässt unter dünnen Flüchen die Flutzone. Weiter hinten, ganz oben auf der Düne, rast der Gemeinschaftskundelehrer eines deutschen Gymnasiums splitternackt durch den Strandhafer und versucht, einen Yps-Drachen zum Steigen zu bringen, was aber misslingt. Seine Frau schaut gelassen in Richtung Meer, als sei der Mann, an dessen Bemühungen der Strand inzwischen regen Anteil nimmt, nicht ihrer, sondern irgendein Verrückter, mit dem sie nichts zu tun hat. Die Surfer bemalen sich ihre Nasen mit Sun-Blockern in Pastellfarben, tragen hauteng Neoprenanzüge und laufen wie eine erfundene Armee auf die Wellen zu. Zwei Rettungsschwimmer hoffen sichtbar darauf, drei nackte Holländerinnen von der zweiten Sandbank retten zu dürfen, und winken erwartungsvoll-autoritär mit ihren Gashupen, aber die Holländerinnen schwimmen aus eigener Kraft zurück und verschwinden in den Dünen.

Neben dem Strand ist das Abwaschhäuschen der wichtigste Ort des Campingplatzes. Viele Jugendliche verbringen ganze Tage damit, am Waschhaus, zwei Plastiktassen hingebungsvoll schrubbend, auf den Auftritt attraktiver Unbekannter zu warten oder aber den Abwasch direkt vor dem Zelt eines hübschen Mädchens oder Jungen fallen zu lassen, und es gibt beim Camping nichts Schlimmeres für Jugendliche als Eltern, die ein Luxuscampingmobil mit eingebauter Spülmaschine besitzen.

Der Campingplatz ist überhaupt ein Trainingslager des Erwachsenwerdens. Wer nicht abwaschen will, muss zu anderen Mitteln greifen. Ich war einmal mit einem deutschen Sechstklässler auf einem Campingplatz, der in seiner Heimat ein humanistisches Gymnasium besuchte und sich in eine fünfzehnjährige Französin aus Nantes verliebt hatte, die Fanny hieß, wie eine Erfindung von Claude Sautet vor dem Campinganhänger ihrer Eltern saß und ein Lateinbuch durcharbeitete. Der junge Altphilologe, der weder Spanisch noch Französisch sprach, trat mutig vor das mit einen neonpinkfarbenen T-Shirt bekleidete Mädchen, das erstaunt seine Sonnenbrille ins Haar schob, und sagte:

— *Salve.*

Danach sagte er eine Zeit lang nichts und wurde rot. Die Französin lächelte. Der Deutsche sagte:

— *Ego te invito ad ludere mecum tennis tabularum.*

Die Französin lachte ein sehr lautes, von ersten, heimlich konsumierten Zigaretten angekratztes Lachen und ging mit ihm zur Tischtennisplatte. Ein älteres französisches Ehepaar schaute ihnen verständnislos hinterher. Die Frau fragte:

— Was war das denn für eine Sprache?

— Serbisch.

Der Mann nickte fachmännisch mit dem Kopf. Meinem Freund fiel währenddessen nicht ein, was »später auf der Düne treffen« auf Latein heißt. In seinem Zelt schlug er vor dem Einschlafen nach, was »wiedersehen« und »heute Abend tanzen« auf Latein heißt, aber am nächsten Tag war Fanny im Fond des hellblauen Citroën CX ihrer Eltern in Richtung Nantes abgereist; er hat sie nie wiedergesehen.

Natürlich hat Camping auch unangenehme Seiten. Man hört aus den Duschkabinen das Schreien ungewaschener Kinder, die auch ungewaschen bleiben wollen, man sieht die bedauerlichen Gesichter aufblasbarer Krokodile luftlos zwischen dunkelgrünen Plastikmülltonnen hängen, in denen von grünmetallicfarbenen Fliegen umsummte Hühnerknochen vor sich hin schimmeln, man sieht Menschen, die mit Gitarren und dreckigen Füßen vor ihren Zelten sitzen und schlimme Lieder von Tanita Tikaram und Tracy Chapman in den Abend hineinsingen. Auch Regen ist nicht angenehm. Wenn der Regen kommt, schlägt die Stunde des VW-Busses. Während in den überfluteten Zelten Plastiksandalen an Kochtöpfen vorbeischwimmen, täuscht das gelbe, sonnige Licht der VW-Bus-Gardinen über die Witterung hinweg, die Insassen atmen den Geruch der nassen Piniennadeln und des Gaskochers ein, dessen Flamme den Kamin ersetzt und der auf die Psyche von Campern den gleichen Effekt hat wie Weihrauch auf russisch-orthodoxe Priester: unerklärliches, tiefsitzendes Glück. Weil sie wissen, dass man für die Monatsmiete einer deprimierenden Wohnung ohne Balkon von Juni bis September auf dem Zeltplatz leben, sich morgens am Außenspiegel eines alten Renaults rasieren, tennis tabularum spielen und warten kann, bis die Sonne zurückkommt.

## DIE STRANDDISCO

Bei Regen ist auch das Discozelt, das einmal pro Woche unten an der Düne aufgebaut wird, noch voller als sonst. Der DJ – es ist der Schlachter, der im Ort einen Feinkostladen betreibt – kauft jedes Jahr etwa zwei bis drei Sommerhits, spielt aber im Prinzip immer die gleichen Platten ab, so dass diejenigen, die seit zwanzig Jahren jedes Jahr im Sommer in den kleinen Ort kommen, nicht nur das unmitsingbare »Dragostea din tei«, sondern auch wieder die Sommerhits der Jahre 1979 (»Born to be alive«) oder 1985 (»Canary Bay«) zu hören bekommen. Im Ferienort wird die Zeit ausgehebelt; es ist ein Dorf der Erinnerung, ein Ort, an dem die Zeit sich so dehnen lässt wie die Hängematte zwischen den Pinienstämmen.

## DER KÄSESTAND

Reisen ist Karneval. Der Angestellte eines Autohauses, beruflich zu einem Leben in gedeckten Farben gezwungen, kann in der Ferne, wo ihn keiner kennt, eine kanariengelbe Krawatte und einen rosa Hut tragen. Was seine Kollegen auch nach Dienstschluss seltsam fänden, ist am Reiseziel seine neue Normalität; man kennt ihn dort nur so. Reisen legt die Möglichkeiten einer anderen Identität auf Probe offen: die Utopie, nicht arbeiten zu müssen, ein Leben in der Wärme ohne Schule, Beruf und Bekannte. Für Alleinstehende ist ein Teil dieser Utopie die Begegnung mit einer Urlaubsbekanntschaft. Sie unterscheidet sich fundamental von den Ritualen und Zielen der Partnersuche, die der Single zu Hause betreibt. Auf der Urlaubsbekanntschaft lastet nicht der Druck der Lebensplanung. Es ist uninteressant, ob die Urlaubsbekanntschaft ebenfalls gern ins Theater geht oder was Freunde und Eltern zu ihr sagen würden. Die Eingliederung in ein bestehendes soziales System ist nicht nötig. Was nicht heißt, dass mit der Urlaubsbekanntschaft alles unproblematisch verläuft: Meist verhindern die Widerhaken der alten Existenz, sich in der Utopie auf Zeit zurechtzufinden. Ein Freund, der im gleichen Dorf wie wir mit Freunden ein Ferienhaus gemietet hatte, berichtete von einer jungen Käseverkäuferin auf dem täglich stattfindenden Markt, deren ebenso entschlossene wie konzentriert-liebevolle Gesten beim Zusammenheften der Papiertüte und des Kassenbons in Verbindung mit einem euphorischen Lachen beim Überreichen des Pakets ihn so beschäftigt hätten, dass er nervös wurde, wenn er sie einen Tag nicht sah. Jeden Tag ging er mit schlagendem Herzen auf den Markt und kaufte Unmengen an Käse, den er abends seinen Freunden überreichte, die diese Gaben erst mit freudiger Überraschung, dann mit einem gewissen Misstrauen annahmen. Schließlich traf er sie abends an der Bar am Strand; sie stand, in »Combat Trousers« und seltsam militärisch anmutenden Schuhen, neben ihm am Tresen und redete auf eine andere Frau ein. Er hatte sie kaum erkannt; ohne die Käseverkäuferuniform machte ihn ihr Anblick ratlos; ihre Stimme schien ihm rauher und tiefer. Sie nickte ihm zu und fragte, wie es ihm gehe, er sagte gut und wollte gern mehr sagen, wusste, da das Thema Käse wegfiel, aber nicht, was. Wenig später ging sie; ihm fiel auf, dass sie ein Aerosmith-T-Shirt mit aufgedruckten Tourneedaten trug. Am nächsten Tag kaufte er keinen Käse mehr.

## DIE PISTE

Wir hatten uns Fahrräder geliehen, wussten aber nicht, wohin wir damit fahren sollten. Der Sand vorn am Strand war zu weich, die einzige Straße von bekifften Campingmobilfahrern und Touristen mit Campinganhängern bevölkert, die während der Fahrt SMS an ihre Freunde verschickten – die neue Form der Postkarte – und entsprechend schlingernd Richtung Meer fuhren. Wir fragten also einen Einheimischen. Der alte Mann saß im Schatten in der kleinen Bar hinter der Bushaltestelle, er trank ein kleines Mittagsbier, die Kühltruhe neben ihm brummte ihr monotones Brummen, und es war klar, dass er nicht einer von denen war, die hier in der Mittagshitze auf einen der Überlandbusse warteten, mit dem man bis nach Bordeaux oder in die Stierkampfstadt Dax fahren kann. Er wohnte hier. Mit dem harten, metallischen Akzent des Südens sagte er:

— Wenn Sie nach Contis wollen, dann nehmen Sie doch die *piste allemande*.

*La piste allemande*, die deutsche Piste, läuft durch den Pinienwald hinter dem Ferienhaus – ein schmaler, gerade einen halben Meter breiter Betonpfad, der hinter der Düne von Bordeaux bis nach Biarritz führt.

Die Wehrmacht ließ ihn Anfang der vierziger Jahre als Teil des Atlantikwalls bauen, als sie alle paar Kilometer einen Bunker in die Dünen setzte. Weil die Landes damals schon das waren, was sie heute noch sind, nämlich das am dünnsten besiedelte Waldgebiet Europas, weil kaum Straßen zum Meer führten, nur Sandpisten, auf denen die Fischer mit Pferden und Kutschen zur Arbeit kamen, und weil Zeit und Materialien zu knapp für den Bau richtiger Straßen geworden waren: Deshalb baute die deutsche Armee keine Straßen, sondern nur schmale Kradmelderwege durch die Pinienwälder und bewegte sich auf Motorrädern von Bunker zu Bunker. Nach dem Krieg wurde das weitverzweigte Pistensystem dann von den Einheimischen gepflegt und in »Piste Cyclable« umbenannt, und so rumpelt man heute über die Spuren der eigenen unrühmlichen Geschichte immer am Meer entlang.

## DIE SURFER

Der Strand war schon immer der beste Ort, um Krisen zu überstehen. Viele von den gutgebräunten Menschen, die sich in den dreißiger Jahren, während der großen Wirtschaftskrise, monatelang an den Küsten zwischen dem kalifornischen San Onofre und Point Dume herumtrieben, surften, zelteten und in ihren alten Autos schliefen, waren arbeitslos und taten es, weil ihnen nichts anderes übrigblieb. Sie aßen selbstgefangenen Hummer und Fisch, weil es billiger war, als das Essen zu kaufen, sie schliefen am Meer, weil es billiger war als die Miete für eine Wohnung, in der es sich aushalten ließ. Aber weil diejenigen, die nicht arbeiteten, sondern surften und Fische fingen und am Lagerfeuer Banjo spielten, am Ende des Sommers brauner, sportlicher, musikalischer, besser gelaunt und insgesamt attraktiver daherkamen als ihre Altersgenossen mit geregelter Arbeit, kam den Städtern irgendwann der Verdacht, das richtige Leben finde vielleicht doch nicht unter festen Dächern statt.

Die Surfer kommen im Mai und bleiben bis zum September, und wenn die Touristen verschwunden sind und die Wellen höher werden, der Sommer zu Ende ist und sie nach einer langen Fahrt ihre versandeten alten Wagen vor ihrer Haustür parken, kommen ihnen ihre Wohnungen auf eine aufregende Weise fremd vor, kühl, aufgeräumt und neu.

# NACHWORT

Plötzlich steht man vor einem Haus. Man entdeckt das Haus durch Zufall in einer Seitenstraße, man fährt daran vorbei, man hält an, es sieht anders aus als alle anderen Häuser. Oder ein Freund ruft an, ob man je von diesem bizarren Haus gehört habe?

Man sieht eine Tür. Man hört, was dort geschah. Man bekommt erzählt, wer dort wohnte. Man wird mitgenommen zu jemandem, in sein Haus, seine Hütte, seine Villa, die Tür geht auf, die Geschichte beginnt.

Dieses Buch ist eine unsystematische, persönliche Anti-Architekturgeschichte, die nicht bei den gelungenen, bedeutenden, ikonischen Gebäuden anfängt, sondern am anderen Ende: bei den monströsen, bizarren, gescheiterten, schönen, absurden Häusern, über die niemand schreibt, weil sie missglückt, bizarr, zu eigenwillig sind – und den Geschichten ihrer Bewohner.

Sie interessiert sich nicht für den ästhetischen Wert eines Hauses, sondern dafür, wie sich die Obsessionen, Ängste und Hoffnungen einer Zeit in ihm abbilden.

Es sind sehr unterschiedliche Häuser, Hütten und Paläste, Reihenhäuser und Beton-Ufos. Manche dieser Häuser wurden zu Unrecht von der Architekturgeschichte übersehen; das Betonkugelhaus zum Beispiel, das der Ingenieur Dante Bini für die

Schauspielerin Monica Vitti und den Regisseur Michelangelo Antonioni 1969 in Sardinien baute, oder die tausendzweihundert Quadratmeter große Kugelsphäre des Architekten und Utopikers Antti Lovag bei Nizza, in der er von 1968 bis zu seinem Tod 2014 arbeitete und lebte. Beide sind überhaupt erst vor wenigen Jahren unter Schutz gestellt worden.

Andere werden nie unter Schutz gestellt werden und in keiner Architekturgeschichte auftauchen: das neunhundert Quadratmeter große Haus des Kunstsammlers und Finanzbetrügers Marc Stuart Dreier auf Long Island zum Beispiel, das aussieht wie ein gebautes Menetekel der Subprime-Krise – eine Villa, in der er ein Leben wie Jay Gatsby führte, bis 2008 bekannt wurde, dass er nach Bernard Madoff der größte Finanzbetrüger aller Zeiten ist.

Die Strohhütte die der amerikanische Exbanker Dennis Michael Langbein, der nach den Anschlägen des 11. September mit dem Auto nach Mexiko flüchtete und sich dort vor der Welt versteckte.

Das von einem Provinzarchitekten in den achtziger Jahren bei Kerpen erbaute, typisch deutsche Mehrfamilienhaus, in dem heute dreißig Flüchtlinge leben.

Das mit einem arabischen Erker versehene Einfamilienhaus des Architekten von Saddam Hussein in einer französischen Provinzstadt.

Das Beton-Ufo des Sektengründers Claude Vorilhon im Osten von Montreal, in dem ein Team von Gentechnikern am reproduzierbaren Menschen arbeitet.

Religiöser Fanatismus und Genmanipulation, Terrorangst und Finanzkrise: Vielleicht erzählen die Geschichten der seltsamen, überhitzten, gescheiterten, künstlerisch für wertlos erklärten, bizarren Häuser und ihrer Bewohner mehr über die Gesellschaft, den historischen Moment, in dem sie entstanden, über die Gegenwart und ihre großen Brüche, als das, was als bedeutende und gelungene Architektur gilt.

Was sie verbindet, sind die Hoffnungen ihrer Erbauer und Bewohner: dass sich mit ihrem Haus das Leben nicht nur ein wenig, sondern auf eine fundamentale Weise ändern möge.

# BILDNACHWEIS

Atelier Bow-Wow: 113 (u.)
Heiner Bastian: 129
Guillaume Bonn: 155
ddp images/Olycom: 31 (m.)
Niklas Maak: 31, 85, (o., u.) 141, 177 (m.), 7, 219, 229
Maltz Auctions: 7
Valerie Sadou: 69, 101, 113 (o.), 177 (o., u.), 205
Bastienne Schmidt: 49

Ein Teil der Texte ist bereits in gekürzter Form in der *Frankfurter Allgemeinen Zeitung* erschienen. Um den Schutz von Persönlichkeitsrechten zu sichern, wurden Namen geändert.

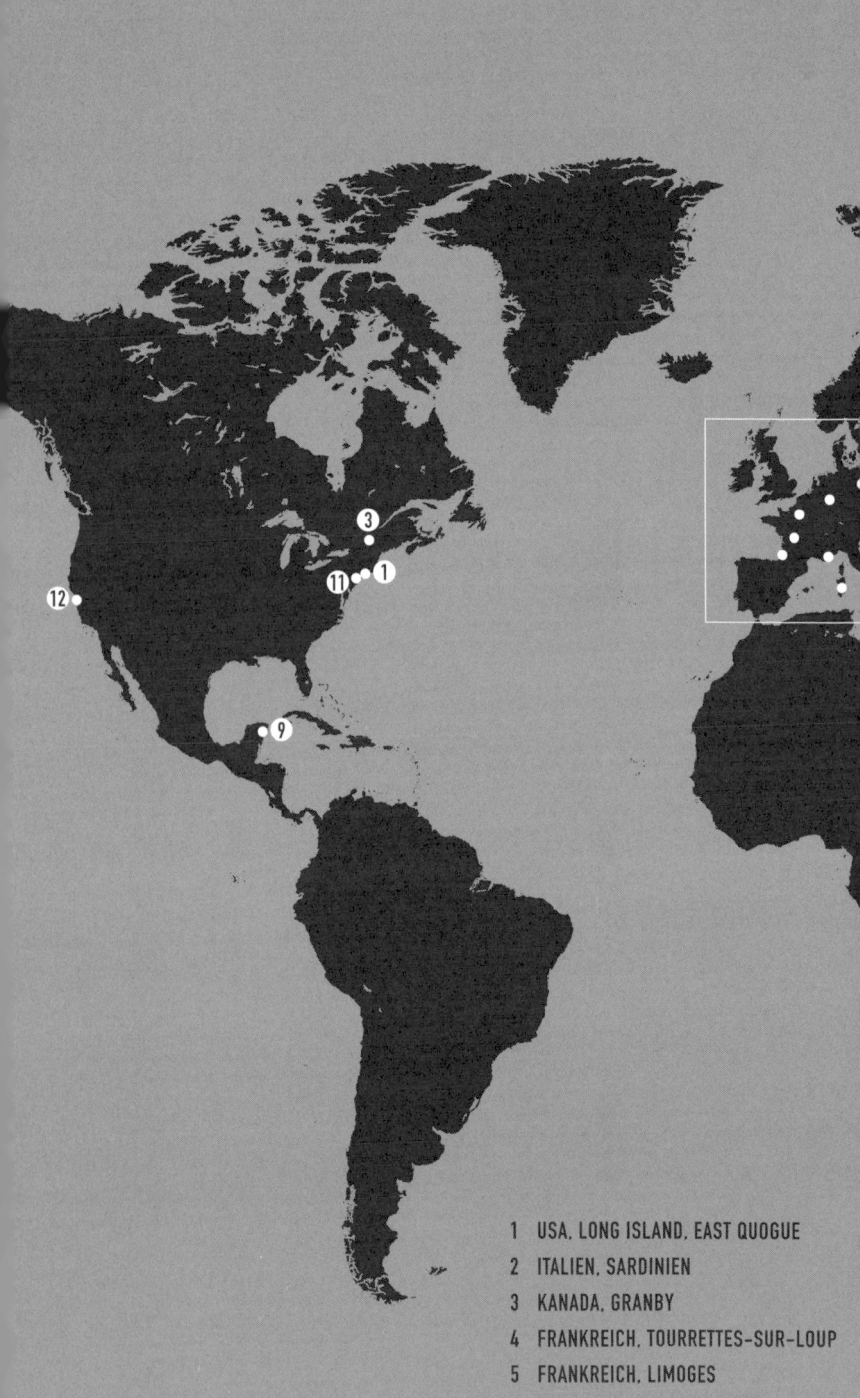

1 USA, LONG ISLAND, EAST QUOGUE

2 ITALIEN, SARDINIEN

3 KANADA, GRANBY

4 FRANKREICH, TOURRETTES-SUR-LOUP

5 FRANKREICH, LIMOGES